Karin Michaëlis

Das gefährliche Alter

Karin Michaëlis

Das gefährliche Alter

Intime Tagebuchaufzeichnungen

Kore

1

Liebe Lili,

es wäre passender gewesen, wenn ich Dir selbst die Neuigkeit überbracht hätte, um so recht in Deinem Entsetzen zu schwelgen, aber ich konnte mich nicht dazu entschließen.

Obwohl, auf Ehre, Du, unschuldsvolle Seele, die einzige bist, die etwas Direktes durch mich erfährt. Aber ich bin sicher, Du richtest nicht. Es ist Dein größter Fehler und Deine größte Tugend, daß Du alles, was alle tun, richtig und vernünftig findest, Du, die Du selbst nur die unendlich verliebte Frau Deines Gatten und seiner Kinder fürsorgliche Gluckenmutter bist.

Du bis so gut, Lili, aber Du hast ja auch keinen Grund zu etwas anderem. Für Dich ist das Dasein wie ein langer, angenehmer Tag, in einer Hängematte unter einem schattigen Baum verbracht – mit Deinem Mann am Kopfende und mit den Gören am Fußende.

Du solltest eine Storchenmutter sein und in einem Wagenrad auf einem Bauerndach wohnen.

Für Dich ist das Leben schön, sind alle Menschen Engel. Du bist in ruhigen, gesicherten Verhältnissen zur Welt gekommen und ohne Anfechtungen, ohne andere Passionen als die gesetzmäßigen. Wenn Du achtzig Jahre alt bist, wirst Du noch stets die tugendsame Geliebte Deines Mannes sein.

Merkst Du, wie ich Dich beneide? Nicht um Deinen Mann, den kannst Du gern behalten, auch nicht um Deine langen Töchter, ich möchte sehr ungern fünfmal Schwiegermutter sein, was Du ja riskierst, sondern um Dein herrliches Gleichgewicht. Um Deine nicht tot zu kriegende Lebensfreude.

Ich habe heute einen Spleen. Wir sind zwei Tage hintereinander zum Diner gewesen, und Du weißt, ich kann das grelle Licht und all das Geräusch nicht vertragen. Und nun werden wir einander nicht mehr sehen, Du und ich. Das wird ganz sonderbar werden. Wir hatten so vieles miteinander gemein, außer unserem dikken Schneider und der Masseuse mit den fettglänzenden Händen. Ja, ja, ihr haben wir unsere schlanken Hüften zu verdanken.

Ich werde Dich entbehren. Wo Du warst, war es stets traulich. Ich glaube, selbst wenn Du auf der Spitze des Blocksberges säßest, dem unfruchtbarsten Punkt der Erde, den ich kenne.

Lili Rote, meine liebe Cousine, falle nun bitte nicht vom Stengel: Richard und ich wollen uns scheiden lassen. Oder vielmehr, wir sind geschieden. Durch die gütige Unterstützung des Justizministers ging es schnell und lautlos vonstatten, wie Du siehst. Nach einer zweiundzwanzigjährigen Ehe, deren Musterhaftigkeit nur von der Deinen übertroffen werden kann, gehen wir also jeder seiner Wege.

Du wirst weinen, denn Du bist eine so gottergebene, gute Seele, Lili, aber Du kannst Dir Deine Tränen sparen! Du hast mich ja lieb, und wenn ich Dir sage, daß es so am besten für mich ist, wirst Du mir glauben und Dich dabei beruhigen.

An und für sich liegt kein Grund vor, nicht der allergeringste Grund, den man betasten und befühlen könnte. Richard hat kein Verhältnis soweit ich es weiß, und ich keinen Liebhaber, und wir sind weder verrückt noch religiös geworden. Es ist also nicht die Bohne von einem Skandal mit unserer Scheidung verbunden, ausgenommen also den Skandal, daß ein paar ältere Menschen plötzlich mitten im Spiel abbrechen.

Es hat meiner Eitelkeit einen großen Kampf gekostet, diesen Schritt zu tun. Ich, die ich alle Zeit eine Ehre darin gesetzt habe, unantastbar zu sein und dafür zu gelten, ich, die ich eine Todesangst vor dem Urteil der Leute habe, ich setze mich dem ärgsten Klatsch aus. Ich, die ich bis dahin behauptet habe, eine unglückliche Ehe sei gar keiner tausendfach vorzuziehen, und eine unverheiratete oder geschiedene Frau führe mit Recht ein halbes Parialeben, ich, die ich immer dafür eingetreten bin, daß eine Scheidung eine unerlaubte Torheit sei, wenn die beiden Teile nicht ganz jung sind – ich trete nun aus einer vollkommen harmonischen und glücklichen Ehe aus.

Du wirst einsehen, daß der Fall ein ernsthafter ist.

Ein ganzes Jahr ist der Beschluß gefaßt gewesen, und wenn ich so lange zögerte, ihn in die Wirklichkeit zu übertragen, so geschah das, teils um mich selbst zu prüfen, teils aus praktischen Rücksichten. Ich bin ja nämlich praktisch und könnte mir nicht gut vorstellen, daß ich vom alten Markt fortspazieren würde, ohne zu wissen, wohin ich gehen sollte.

Mein Grund ist so einfach und so klar, daß er nur die wenigsten befriedigen wird. Aber was soll ich tun, wenn ich nun keinen anderen habe?

Du weißt ja, Du wie alle anderen, daß Richard und ich so gut miteinander auskamen, wie wohl überhaupt nur zwei Menschen von verschiedenem Geschlecht es tun können. Es ist ja nie ein böses Wort zwischen uns gefallen. Aber ich habe nun einmal den Einfall – oder nenne es wie Du willst – bekommen, daß ich allein leben muß. Ganz allein für mich und mit mir selbst. Nenne es eine absurde Idee, einen unmöglichen Einfall, nenne es Hysterie, was es vielleicht auch ist – ich muß fort von den Menschen, heraus aus dem Ganzen. Für Richard ist es eine Enttäuschung, aber ich hoffe, daß er einigermaßen schnell darüber hinwegkommen wird. Die Fabrik wird mich auf die Dauer schon ersetzen können.

Wir haben die Sache so hübsch geheim gehalten. Das Fest draußen im Landhause in der vorigen Woche war eine Art Abschiedsvorstellung. Ihr habt doch wohl nichts gemerkt? Wir sind gebildete Menschen, sollte ich meinen. Wenn ich nun schon heute abend reise, geschieht das nicht nur um über alle Berge zu sein, wenn der Klatsch zu speien beginnt; ich sehne mich so unbeschreiblich nach Einsamkeit.

Jörgen Malthe hat eine kleine Villa für mich gezeichnet und aufführen lassen – in dem Glauben, daß sie für eine andere sei.

Die Villa liegt auf einer Insel, deren Namen ich vorläufig nicht nenne. Die Zimmer sind acht Ellen hoch, und im Eßzimmer ist Platz für sechsundreißig. Ich bekomme nur zwei Stuben, aber was braucht eine geschiedene Frau in meinem Alter auch mehr? Das übrige sind kleine Kammern im oberen Gestock mit Erkern und kleinen Altanen. Mein Schlafzimmer wird sehr apart mit einem Glasdach wie ein Atelier. Auch eine von meinen sonderbaren Ideen, den Himmel gerade über meinem Bett sehen zu wollen. Ich glaube, das ist gesund für die Nerven, und meine sind in einer schrecklichen Verfassung.

So kann ich denn in Zukunft, in Ermangelung der lieben Männer, mit den kleinen Sternen des lieben Gottes flirten.

Die Villa zeichnet sich übrigens durch ihre schöne Lage, ihre festungsartige Architektur und ihre – merke Dir das – großartige Ungastlichkeit aus. Die Hecke um den Garten ist fast so hoch wie die Mauer um das Weibergefängnis in Kristianshafen.

Das Tor ist niemals geöffnet, und einen Torwart gibt es nicht. Der Wald geht geradewegs in den Garten hinein, der Garten gerade ins Meer hinein. Ein Sonderling besaß das Grundstück und wohnte in einer Hütte, die so grün und überwuchert war, daß ich sie habe stehen lassen.

Nie im Leben habe ich mich so auf etwas gefreut, wie auf dieses Einsiedlerleben. Ich habe eine imponierende Küchenfee namens Torp gemietet. Sie scheint die Kochkünste aller Länder wie ihr

Vaterunser zu kennen. Es ist nämlich nicht meine Absicht, von Wasser und Brot und Tugend allein zu leben.

Den Diener habe ich aufgegeben, obwohl ich ja ein Faible für männliche Bedienung habe. Meine Moneten reichen nicht für einen Diener aus. Übrigens ahne ich nicht, wie ich mit meinen Zinsen auskommen soll. Aber ich möchte ungern Richards edelmütiges Anerbieten, mir einen Jahreszuschuß zu geben, annehmen.

Und dann habe ich ein Hausmädchen gemietet, die Jeanne heißt, sie hat die schönsten Bernsteinaugen und flammend rotes Haar, dazu spitze, wohlgepflegte Finger, von denen ich nicht begreifen kann, wo sie sie her hat. Die beiden werden mein einziger Verkehr sein, so daß ich Gelegenheit habe, an mir selbst zu zehren.

Liebe Lili, tue, was Du kannst, um den schändlichsten Klatsch niederzuschlagen, jetzt, wo Du den Zusammenhang weißt. Im tiefsten Vertrauen noch dies eine, doch unter der Bedingung, daß Du es Deinem Mann nicht mitteilst: Jörgen Malthe, der liebe Mensch, hat mich ja, wie Ihr alle zu Eurem Ergötzen gesehen habt, mit seiner jugendlichen Schwärmerei beehrt. Er wird vielleicht auf echte Männerweise außer sich geraten über meine sonderbare Retraite. Sei ein bißchen freundlich gegen ihn und erkläre ihm, daß keinerlei mystischer Grund dazu vorliegt.

Späterhin, wenn ich ein wenig mehr zur Ruhe gekommen bin, würde ich mich sehr auf einen Brief von Dir freuen, obgleich ich ja voraussehe, daß fünf Sechstel davon von Deinen Kindern handeln werden und das sechste von Deinem Mann, während ich lieber alle sechs Teile von Dir hören möchte – und von der lieben Stadt mit ihrem Leben und Treiben. Ich gehe nicht ins Kloster, folglich kann ich sehr gut Stadtklatsch vertragen.

Du würdest, wenn Du hier bist, fragen, womit ich mir doch die Zeit vertreiben will. Liebste, Kleiderspind und Spiegel verlassen mich nicht, außerdem besitzt die Zeit ja die Fähigkeit, daß sie gehen kann, ohne aufgezogen werden werden. Ich habe ja den Wald und das Meer, mein Klavier und mein Haus. Und wird mir die Zeit wirklich einmal lang, so kann ich ja Torps Wäsche auslanguettieren.

Sollte es geschehen, was Gott verhüte, daß mich ein Blitz träfe oder daß ich einen Herzschlag bekäme, so daß ich binnen kurzem sterbe, willst Du dann wohl als meine Cousine und nächste Freundin das Amt übernehmen, nach mir «aufzuräumen»? Unordnung wirst Du ja kaum vorfinden, aber trotzdem – der Ordnung halber. Es ist mir ein unangenehmer Gedanke, daß Richard zwischen meinen Papieren kramen könnte, jetzt, wo wir nicht mehr «miteinander verheiratet» sind.

Dir wünsche ich alles Gute

Deine Elfie Lindtner

Mein lieber, guter Freund und ehemaliger Gatte!

Ist das nicht eine stilvolle Überschrift? Bist Du nicht ganz gerührt, in einer fremden Stadt Blumen von einer Dame zu bekommen? Wenn nur die Leute mein Deutsch verstehen und sie Dir rechtzeitig senden.

Einen Augenblick zuckte mir der schöne Gedanke durch das Gehirn, Dich auf diese Weise in allen Städten willkommen zu heißen, wohin Du Dich begeben wirst. Da ich ja aber nur höchstens die Adressen der Blumenhändler in den Hauptstädten kenne und zu träge bin, um sie mir zu verschaffen, gebe ich den schönen Leichtsinn auf und notiere ihn nur als «gewesen».

Soll ich ganz ehrlich sein, Richard, so schäme ich mich vor Dir, und ich kann Dir ganz getrost sagen, daß ich Dich nie so hoch geschätzt habe wie jetzt, aber es konnte nicht anders sein, und Du sollst Deinen ganzen Willen darauf konzentrieren, Dich damit vertraut zu machen. Hätte ich mich überreden lassen, und wäre ich bei Dir geblieben, nachdem dieses mein Bedürfnis nach Einsamkeit sich geltend gemacht hatte, so würde ich Dich ja jede Stunde des Tages gequält und gepeinigt haben.

Liebster, bester Freund, es liegt etwas darin, war irgend jemand einmal gesagt hat: Entweder eignet sich eine Frau für die Ehe – und da ist es ungefähr gleichgültig, mit wem sie sich verheiratet, sie wird schon verstehen, ihre Bestimmung zu erfüllen –, oder sie eignet sich nicht dafür, und dann begeht sie ein Verbrechen gegen ihr eignes Wesen, indem sie sich an einen Mann bindet.

Ich eigene mich offenbar nicht dazu, verheiratet zu sein. Täte ich es, so hätte ich ja für Zeit und Ewigkeit mit Dir zufrieden sein müssen, und Du weißt, daß ich das nicht gewesen bin. Aber die Schuld lag nicht an Dir. Ich wollte wirklich, im tiefsten Ernst, daß ich Dir etwas vorzuwerfen hätte. Aber ich habe Dir nichts vorzuwerfen. Nach keiner Richtung hin.

Es war ein großer Fehler – eine große Feigheit –, daß ich Dir gestern abend das Versprechen gab, zurückzukehren, wenn ich meinen Beschluß bereute. Ich weiß, ich werde ihn niemals bereuen. Aber, indem ich ein solches Versprechen abgab, hindere ich Dich ja förmlich daran … ja, verzeih, lieber Freund, aber ich denke nun, daß es keine Unmöglichkeit ist, daß Du einer Frau begegnen wirst, die Dir etwas sein könnte. Willst Du mir das Versprechen zurückgeben, so bin ich Dir dankbar. Erst dann werde ich mich ganz frei fühlen.

Wenn Du zurückkehrst und die Freunde in Dich eindringen mit Fragen und Teilnahme, so sei standhaft. Es würde mich tief beschämen, wenn irgend jemand – dies irgend jemand gilt ohne Ausnahme für alle – einen Einblick in das Gute und Böse erhielte, das wir miteinander genossen haben. Vorbei ist vorbei, und niemand wird verstehen können, was zwischen zwei Menschen vorgeht, selbst wenn sie dabei zugegen sind.

Denk an mich, wenn Du Dich zu Tische setzt. Acht Uhr wird wahrscheinlich meine künftige Schlafenszeit sein, dafür stehe ich aber wohl mit oder vor der Sonne auf. Denk an mich, aber schreib nicht zu oft. Ich muß mich erst vollkommen in Ruhe in mein neues Dasein einleben, später werde ich Dir mit Freuden eine gedrängte Übersicht von all den Torheiten geben, die eine Frau begeht, wenn sie plötzlich in einem hohen Alter ihr eigener Herr wird.

Willst Du meinem Rat folgen, so sage ich immer und zum zwanzigstenmal: Fahre fort, Freunde um Dich zu sehen. Du kannst sie nicht entbehren. Und Du brauchst auch wirklich kein Trauerjahr mit Flor um die Kronleuchter und Immortellen um mein Bild zu verleben.

Du bist mir ein guter und feiner und treuer Freund gewesen, und so unfein bin ich auch wirklich nicht, daß ich das nicht in meinem Herzen zu schätzen wüßte; aber auf Dein hochherziges Anerbieten, mir Geld zu geben, kann ich nicht eingehen. Ich sage das erst jetzt, weil ich weiß, daß Du sonst versuchen würdest, mich zu überreden. Die Zinsen meines kleinen Kapitals sind und werden genügend für mein Auskommen sein.

In einer Stunde fährt der Zug. Richard, Du hast Dein Geschäft und Du hast die Freunde, Du hast so viele Freunde wie kein anderer, den ich kenne. Wenn Du mir wohlwillst, so wünsche, daß ich meinen Schritt nie bereuen werden.

Ich sehe meine Hände an, die Du so lieb hast – könnte ich sie Dir reichen ... Ein Mann darf nicht zusammenbrechen. Es würde mich kränken, wenn man Dich bemitleidete. Dazu bist zu viel zu gut.

Natürlich wäre es besser gewesen, wie Du sagtest, wenn einer von uns gestorben wäre. Aber dann müßtest Du Dich schon der

Ewigkeit opfern, denn ich freue mich nun eimal so sehr auf meine Insel.

Zwanzig Jahre habe ich unter dem Schatten Deiner Flügel am alten Markt gelebt, ob ich nun wohl weitere zwanzig Jahre mit der Einsamkeit unter den großen Bäumen werde vermählt sein können!

Wie sie klatschen werden. alle die, die klatschen können. Wir aber lächeln bei dem Gedanken, kluge Leute, die wir sind.

Richard, verzeih' mir jetzt und jeden Tag den Kummer, den ich Dir zu machen gezwungen bin. Hätte ich es gekonnt, ich wäre geblieben.

Hab' Dank für alles.

Elfie

Daß meine Gefühle starben, ist mir selbst so unbegreiflich wie Dir. Kein anderer Mann hat auch nur einen Zoll meines Herzens eingenommen. Es ist schließlich, wenn man alles recht in Betracht zieht, eine reine, pure Erkrankung der Nerven, aber die ist unheilbar, leider.

Lieber Malthe,

wir beide sind ja Freunde, und ich denke, wir werden es auch bleiben, selbst, wenn der Zufall unsere Wege trennt. Werden Sie jetzt mit gewisser Berechtigung böse auf mich, da ist die Freundschaft gebrochen, denn es wird keine spätere Gelegenheit zu einer Versöhnung geben. Wenn ich in einer so wichtigen Sache wie diese Ihnen nicht nur die Wahrheit vorenthalten, sondern sie mit Überlegung hinters Licht geführt habe, so geschah das weder in

Ermangelung von Zutrauen noch von Freundschaft. Ich bitte Sie, mir das zu glauben. Daß ich Ihnen auch jetzt noch nicht die Gründe darlegen kann, macht es noch schwieriger, meine Handlungsweise zu rechtfertigen. Also müssen Sie sich damit begnügen, mir aufs Wort zu glauben: Jörgen Malthe, ich hätte Ihnen gern mein offenes, volles Vertrauen geschenkt, aber das ist unmöglich. Ich kann keinen Menschen ganz in mich hineinsehen lassen, nennen Sie es nun verrückt oder wie Sie wollen.

Sie haben nicht den Septemberabend im vorigen Jahre vergessen, als ich zum erstenmal mit Ihnen von einer meiner Freundinnen sprach, die sich scheiden lassen wollte und Sie durch mich bat, ihr eine Villa zu zeichnen, in der sie den Rest ihrer Tage in Einsamkeit verbringen könne. Sie faßten den Gedanken an diese Einsamkeitswohnung ja verständnisvoll auf, daß Ihr Entwurf und Ihr Plan dem Ideal nahe kamen. Jedesmal, wenn wir im verflossenen Jahre zusammen waren, sprachen wir über die «weiße Villa», wie wir sie nannten, und wir hatten Vergnügen an diesem kleinen gemeinsamen Geheimnis. Nicht zum mindesten, als es auch Ihnen übertragen ward, das Innere des Hauses zu ordnen, das Mobilar zu zeichnen, die Farben und die Ausschmückung zu bestimmen. Sie fanden eine wirkliche Freude an dieser Arbeit, obwohl Sie sich ärgerten, den Menschen, für den Sie arbeiteten, gar nicht persönlich zu kennen. Sie entsinnen sich wohl, daß ich scherzend ein paarmal sagte: – Tun Sie so, als wenn es für mich wäre. Ich vergaß jedenfalls nicht Ihre spätere Äußerung: Es ist mir zuwider, daß ein fremdes Wesen in ein Haus einziehen soll, das mit Ihnen vor Augen geschaffen ist.

Urteilen Sie selbst, Malthe, wie peinlich es für mich war, Sie im Irrtum zu belassen. Aber ich durfte damals nicht reden, ich hatte Richard gegenüber Verpflichtungen. Deswegen mied ich Sie im Sommer, es war mir unmöglich, Sie fortwährend zu belügen.

Ich, ich werde in der «weißen Villa» wohnen. Allein werde ich dort wohnen. Es nützt nicht, daß ich sage: – Ärgern Sie sich nicht darüber. Sie würden nicht derjenige sein, der Sie sind, falls Sie es nicht täten.

Sie sind jung, und das Leben liegt vor Ihnen, und ich bin alt. Ich bin ja nämlich alt. In wenigen Jahren bin ich so alt, daß Sie nicht werden begreifen können, daß es eine Zeit gegeben hat, in der ich für Sie «die einzige» war. Nicht um Sie zu kränken, erwähne ich die Jugend, die Ihnen aus Rücksicht auf mich verhaßt ist. Ich weiß, daß Sie nicht oberflächlich sind, aber ich weiß auch, daß die Gesetze des Lebens und der Gang des Lebens unerbittlich sind.

Wenn ich als geschiedene Frau in das Heim einziehe, das Sie geschaffen haben, werde ich mich Ihrer täglich erinnern und Ihnen in Gedanken den Dank sagen, der hier auf dem Papier so kalt wirkt.

Ich verbiete Ihnen nicht, mir zu schreiben, aber ich wünsche, daß Sie sich vielleicht mit Ausnahme eines Lebewohls schweigend verhalten werden. Briefe zwischen uns werden ja doch nicht einmal einen Abglanz der guten Stunden geben können, die wir zusammen verlebt haben, der Stunden, wo wir über alles sprachen, am meisten aber über gar nichts.

Ich glaube, wir waren sehr wenig geistreich, wenn wir zusammen waren. Und doch langweilten wir uns nie. Wird Ihnen dies zu einer Kränkung, zu einer Enttäuschung oder einem Kummer, so geben Sie sich der Arbeit hin, damit ich in meiner Einsamkeit auch in Zukunft noch stolz auf Sie sein kann. Sie haben mich gelehrt, meine Augen zu gebrauchen, und da ist vieles, vieles, was ich noch sehen möchte, denn ich habe auch von Ihnen gelernt, daß die Welt schön ist. Aber für mich ist es am klügsten, alles bei meiner Bestimmung zu lassen. Jetzt schließe ich mich in meiner «weißen Villa» ein, und damit ist meine Geschichte aus.

Ihre Elfie Lindtner

Ich lese den Brief noch einmal durch und finde, daß er trocken und ohne Wärme ist. Aber, es ist schwieriger, einen solchen Brief an einen guten Freund zu schreiben, als an einen gleichgültigen Fremden.

2

Auf meiner Insel gelandet, in meine Höhle gekrochen. Das war der erste Tag. Gott sei mir gnädig in den kommenden! –

Vorläufig finde ich alles widerwärtig, von dem Gestank des neuen Holzes und der nassen Tapeten bis zu dem Plätschern des Regens über meinem Kopfe.

Daß ich auch auf die törichte Idee mit dem Glasdach in dem Schlafzimmer kommen mußte! Ich habe ein Gefühl, als stände ich unter einem Regenschirm, der jeden Augenblick anfangen könnte, durchzulecken. Im Laufe der Nacht geschieht es sicher, daß die Fensterscheiben undicht werden und ich in einer Regenlache erwache …

Wenn ich überhaupt einschlafe! Mein Kopf brennt vor Müdigkeit, aber ich denke nicht daran, zu Bett zu gehen.

Ein ganzes Jahr habe ich Zeit gehabt zu überlegen, und jetzt begreife ich meine ganze Handlungsweise nicht. Den Fall gesetzt, daß das Ganze eine Dummheit war! Eine gut durchdachte und ganz unwiderrufliche Dummheit! Ein Streich, den mir die erregten Nerven spielten. Den Fall gesetzt, daß … daß …

Ich fühle mich einsam und willengelähmt, mir graut. Aber der Schritt ist getan, er kann nicht rückgängig gemacht werden. Und er darf nicht bereut werden.

Ich bin naßkalt bis ganz in den Rücken hinein von all dem Regen. Er regt mich auf, er quält mich.

Und wie wird es mir ergehen, völlig angewiesen auf die beiden Frauenspersonen, mit denen ich nur das Geschlecht gemein habe! Niemand, mit dem ich sprechen kann, niemand, den ich ansehen kann. Jeanne ist recht anziehend, das ist sie, aber mit ihr reden kann ich doch nicht. Und Torp – Torp paßt in ihren Keller wie ein Zwerg in seinen Berg. Sie sieht aus, als könne sie allein eine ganze Tiefebene mit Nachkommenschaft versorgen. Ihr Korsett ist hinten und vorn schief …

Nie im Leben bin ich so verlegen gewesen und habe so die Überlegene gespielt wie vorhin, als ich durch den aufgeweichten Garten patschte in das leere Haus hinein, wo mich nicht eine Blume willkommen hieß. Die Räume sind zu groß und zu leer, das hätte ich beizeiten bedenken sollen.

Aber das Dekorum muß ja bewahrt werden, und mein Entree war insofern gut genug.

Ach, der Regen, der Regen! Jeanne und Torp räumen noch, sie haben wohl die Absicht, noch die halbe Nacht zu räumen, als ob wir morgen am Tage Gäste erwarteten. Ich packe aus und halte inne, packe aus und halte inne und bin entsetzt über meine Garderobe. Es wäre klüger gewesen, die Toiletten an eine der beliebten Wohltätigkeitsvorstellungen zu verschenken. Sie können mir hier weder nützen noch mich erfreuen. Schwarzer Merino und ein weißer, wollener Schal, das ist, was ich nötig habe.

Weiß Gott, ich wünsche, daß ich in diesem Augenblick im alten Markt säße, wenn ich auch niemand anders hätte, mit dem ich mich langweilen könnte, als Richard.

Was soll ich hier? Was will ich hier?

Weinen, ohne jemand Rechenschaft für den Grund zu schulden … Natürlich kommt das nur von dem Regen. Ich habe mich ja so sehr hiernach gesehnt, und es ist nicht nur ein hysterischer Einfall. Ach nein. Ich habe mich hier gut genug einmauern lassen.

———

Gestern war ich verstimmt, heute bin ich frisch wie ein Fisch. Wir haben Bilder aufgehängt und drei Dutzend Löcher zu viel in die neuen Wände geschlagen, sie sind nicht zu füllen. Ich muß an Richard schreiben, daß er mir meine Radierungen einrahmen läßt. Es wäre unrecht zu sagen, daß wir geschickt bei dem Aufhängen waren, weit eher waren wir so ungeschickt wie Männer, wenn sie Kleider zuhaken sollen. Aber an die Wand kamen die Bilder, und einigermaßen anständig hängen sie.

Wenn ich nur wüßte, warum ich Torp meine «Villa am Meer» in ihre Kellerstube gegeben habe? Geschah es aus Angst, sie in meiner Nähe zu haben? Oder war es ein dummer Versuch, ihm ein Leid anzutun? Sein einziges Geschenk. Ich schäme mich über mich selbst.

Jeanne hat auf eigene Hand alles mit Blumen geschmückt, das hilft, es ist hier schon viel heimischer.

Das Haus gehört mir, und ich nehme es in Besitz. Die Sonne scheint. Und es macht mir Freude, die Möbel Stück für Stück durchzunehmen, und ich entsinne mich der Zeiten, als wir die Zeichnungen miteinander besprachen. Ich hätte ihn dies nicht tun lassen sollen. Es ist sinnlos.

———

Beneidenswerte Wesen, die sich die Zeit in ihrer eigenen Gesellschaft vertreiben können. Wenn andere Blasen aufwerfen, dann bin ich in meinem Element – sonst …

Eine absolute Gemütlichkeitsverbreiterin bin ich nicht. Weit entfernt davon. Es sieht hier noch ebenso unbewohnt aus, trotz all der Blumen, die ich Jeanne hereinschleppen lasse. Vielleicht hat das seinen Grund in dem frischen Geruch – und dem Entbehren der alten. Hier sind weder Gerüche noch Schmutz, Kohlenrauch, Benzin, oder was weiß ich, nach all dem, das den alten Markt zum alten Markt machte. Es ist so rein hier, daß ich kaum aufzutreten wage. Die Fußböden schimmern, als wären sie mit Silber gefirnißt...

Und eben kommt Torp auf Filzpantoffeln und bittet so flehentlich, ob sie nicht einen Läufer für ihren Küchenfußboden bekommen kann, um ihn zu schonen. Mit geht es genau so, ich wage kaum, auf die Pitchpinedielen zu treten.

Was nützt all das Reden und Schreiben über die Gleichberechtigung der Geschlechter, solange wir eine von den vier Wochen des Monats Sklaven von etwas sind, das sich nicht überwinden läßt.

Ich habe diesmal gelitten wie nie zuvor. Wohl, weil ich so allein war. Kein Mensch, mit dem ich sprechen konnte. Und nun sollte es ja überstanden sein, aber das ist es nicht. Ja, ich sollte das Bett hüten, auch um nicht häßlich zu werden. In der Stadt war ich so klug, hier ...

Aber ich muß mich nur freuen, daß ich die Selbstbeherrschung besessen habe, die den meisten abgeht.

Ich bin hysterisch, das weiß Gott. Ich bin es im selben Maße wie alle anderen, aber ich verstehe, es zu verbergen, so daß nur eine, nur ich selbst, darunter leidet.

Der Mond steht im ersten Viertel. Es weht ein kalter, trockener Wind, man bekommt Hustenempfindungen, wenn man ihn nur hört.

Jeder Wind ist mein Feind, und hier scheint der Feind freien Zutritt zu haben. Ich hätte nur mein Haus nach Süden legen sollen und in eine Senkung, wo der Sturm abgeschnitten ist. Nun liegt es gegen Norden und nach dem offenen Wasser hinaus.

Außerhalb des Tores bin ich noch nicht gewesen. Es kommt mir darauf an, so lange wie möglich auf diesem kleinen Fleck auszuharren. Ich werde mich schon gewöhnen, ich muß mich gewöhnen.

Die lieben Menschen quälen mich mit ihren Briefen. Nur Malthe verhält sich schweigend. Würdigt er mich keiner Antwort?

Jeanne verfolgt mich mit den Augen, als wollte sie mir die Kunst abgucken. Welche Kunst? Herrgott, was will diese Person hier eigentlich?

Sie scheint zu etwas ganz anderem geschaffen als zum Inselleben und Jungfernstand. Und ich kann doch nicht einen Diener zu ihrem Gebrauch halten. Männeraugen will ich in meinem Hause nicht haben, davon habe ich genug gehabt.

Ein Diener, das würde dasselbe bedeuten wie Erotik und Gezänk und Qual oder Ehe und Wechsel. Nein, ich habe ein Recht auf Frieden, und darauf will ich halten. Sollte es zu arg kommen, so muß ich mich daran gewöhnen, mit Jeanne und Torp Whist zu spielen. Und warum auch nicht.

Torp verbringt ihre Abendstunden mit Patiencelegen auf dem Fensterbrett. Wahrscheinlich träumt sie von Seeleuten, die stranden und an dieser «öden Insel» angeschwemmt werden, auf der sie sich aufhält.

Aber Jeanne bewegt sich in seidenen Strümpfen. Das erstaunt mich. Lili nannte es eine schlechte Angewohnheit bei mir. Sollte es eine Notwendigkeit für Jeanne sein, oder – kennt sie die Männer so gut?

Es tropft gelb von all den Birkenbäumen, die rings um das Haus herumstehen und zittern. Kein Windhauch rührt sich, aber die Blätter fallen und fallen. Heute morgen stand ich auf dem kleinen Balkon und sah über den Wald hinaus. Ich weiß nicht den Grund, aber auf einmal wurde mir so ruhig zumute. Es war mir, als: «Siehe da, es war alles gut.» Kam das von dem warmen rötlichen Schimmer der Bäume? Kam es von dem tiefen Duft der Wälder?

Den ganzen Tag gabe ich an Malthe gedacht. Mit Freude daran, daß ich handelte, wie ich gehandelt habe. – Aber eine Antwort hätte er doch schicken können.

Jeanne hat das Geheimnis mit meinem Haar entdeckt. Sie fragte, ob sie nicht versuchen dürfe, mich gegen Abend zu frisieren, wenn mein Haar «erwache». Sie ist eine ganze Künstlerin auf dem Gebiet. Ich saß vor dem Spiegel und ließ sie sich damit beschäftigen, so lange sie Lust hatte. Sie steckte es auf und nahm es wieder herab, schlang es um die Stirn wie einen Turban, knotete es zu einem griechischen Knoten, teilte es und glättete es um meinen Kopf wie eine Nebelkappe. Sie spielte damit und ordnete es wieder und wieder, als sei es ein Strauß Feldblumen. Und während sie damit beschäftigt war, wurde der Blick ihrer Augen so warm, daß ich ganz erstaunt war.

Mein Haar ist ja mein Stolz trotz all seiner verblaßten Farben. Jeanne sagte tröstend, es gleiche einem Wald im Spätherbst.

Ich möchte wohl wissen, ob sie aus dem Rinnstein stammt oder von redlichen, armen Eltern.

«Tausend Frauen können denjenigen, den sie lieben, ansehen und ihre ganze Seele in den Blick legen, den Männern sind sie gleichgültig wie Steine am Wege. Und dann erhält eine Frau, die keine Seele besitzt, die Gnadengabe, durch ihr leeres, künstliches Lächeln die besten Männer zu schmerzlicher Begierde aufstacheln zu können ...»

Dieser Satz war eines Tages in einem Buch unterstrichen, das auf meinem Tisch lag. Von wem, weiß ich nicht. Auch nicht, ob derjenige, der es unterstrichen hatte, die Absicht gehabt hat, mich zu beleidigen, oder ob er es nur in Gedanken tat. Jetzt sitze ich hier und warte auf meinen Todfeind. Kommt er herangeschlichen oder plötzlich? Wird er mich überwinden, oder werde ich die Stärkere sein? Vorbereitet bin ich, aber ist das genug?

Abends. Nein, Torp ist zu romantisch. Heute hatte sie den Tisch mit wildem Wein geschmückt. Wilder Wein hing von dem Kronleuchter herab, und wilder Wein schlang sich rings um den Flügel. Der Braten war mit weinroten Blättern dekoriert wie ein Schiff mit Flaggen an Königsgeburtstag. Und zwischen all diesem Staat saß ich allein, ohne einen einzigen Menschen, für den ich mich hätte schön machen können. Ich, die ich gewöhnt bin, wenn ich nur einen Salat mische, wenigstens zwei Augen das schnittlauchtropfende Brot beobachten zu sehen, als sei es eine indische Zauberkunst, die ich ausübte.

Ein einsam festlicher Tisch ist doch das Einsamste, was man sich denken kann.

Ich wollte, die Torp hätte weniger «Stil», wie sie es nennt. Freilich ist sie in großen Häusern gewesen und hat aus einem jeden etwas mitgenommen – und es ist ihr ja auch herzlich gern gegönnt, mit Gummihandschuhen aufzuwarten und ihr nach der Küche duftendes Haar mit großen, seidenen Schleifen zu schmükken. Aber wenn sie versucht, ihre armen Arbeitsnägel wie Pyramiden zu gestalten, dann wirkt sie tragisch.

Sie romantisiert alles. Es sollte mich nicht wundern, wenn sie den Herd mit Blumen schmückte und Bilder zwischen dem Küchengeschirr aufhängte.

Gut, daß ich Samuel nicht mit hier habe, er könnte mich nicht besser pflegen als Jeanne – und dann bin ich frei von Augen, die trotz ihrer Demut auf mich wirken wie ein Fliegenpapier voll zappelnder und toter Fliegen.

Jeannes Blick hat etwas Feines und Gleitendes, das mir Gesellschaft leistet wie der geistvollste Charmeur. Für sie schmücke ich mich im Grunde wohl auch. Aber mit ihr reden kann ich ja nicht. Ich möchte den Versuch nicht anstellen und die Enttäuschung erleiden.

Männer haben mir oft anvertraut, ich sei die einzige Frau, mit der sie wie mit ihresgleichen reden könnten. Ich habe mich nie einem Manne gegenüber wie seinesgleichen gefühlt, nur mein eigenes Geschlecht verstehe ich, nur mein eigenes Geschlecht bewundere ich.

In Wirklichkeit, finde ich, besteht ein größerer Unterschied zwischen Mann und Frau als zwischen dem toten Stein und der wachsenden Pflanze. Dies sage ich ... Dies sage ich, die ich ...

Es geht mich ja gar nichts an. Wir waren keine Freundinnen. Daß sie mir ihr Vertrauen schenkte, verpflichtet meine Gefühle nicht. Und wäre es vor fünf Jahren geschehen, so würde ich es ja als willkommene Sensation hingenommen haben, als nichts weiter. Hätte da gestanden: an Herzschlag, an Typhus, an, ich weiß nicht was, gestorben, so würde es mir meine Ruhe nicht für eine Stunde geraubt haben ...

Ich habe mich ja absichtlich allen Zeitungslesens enthalten. Zufällig schlage ich heute ein Blatt auf, nach einer monatlichen Unwissenheit über alles, zufällig, trifft der Blick die Überschrift: – Selbstmord, im Irrsinn begangen! ...

Mir ist ganz elend zumute, als sei ich an einem Verbrechen teilhaftig, als habe ich Anteil daran, sie in den Tod getrieben zu haben.

Insofern bin ich teilhaftig, als ich sie zu einem Zeitpunkt im Stich ließ, wo sie vielleicht zu retten gewesen wäre. Aber es ist ja krankhaft so zu denken. Will ein Mensch aus dem Leben heraus, so hat niemand weder die Pflicht, noch das Recht, ihn daran zu hindern.

Für mich ist Agathe Ussings Leben oder Tod etwas Nebensächliches, nur die Umstände regen mich auf.

War sie wahnsinnig? Oder war sie es nicht? Wohl nicht mehr als wir andern, aber ihre Selbstbeherrschung zersprang wie ein zu scharf gespannter Bogen. Das, was sie sah, oder zu sehen glaubte, das Totenkopfgrinsen in jedem Lächeln, war ja nur eine Grille. Aber sie war dumm genug, darüber zu sprechen. Und als man ihre Äußerungen mit Spott und Lächeln aufnahmn, bekam ihr Blick dies Steife, Forschende, weil sie versuchte, sich selbst zu überzeugen. Und ein so tiefes Grauen lag in dem Blick, daß jeder, den Agathe ansah, den kalten Hauch aus seiner eigenen geheimen Angst empfand.

Sie zwang uns gleichsam zu wissen, was wir kaum zu ahnen wagten.

Nie vergeß ich den Brief, in dem sie mit wunderlich unsicheren Buchstaben geschrieben hatte: – Wenn Männer ahnten, wie es in uns Frauen aussieht, wenn wir über die Vierzig hinaus sind, sie würden uns fliehen wie die Pest oder uns niederschlagen wie tolle Hunde …

Auf eine Lebensphilosophie hin wurde die Frau eingesperrt. Sie hätte sie für sich behalten und nicht mit Kreide an die Wände ihres Hauses malen sollen. So etwas wird als Beweismaterial für Irrsinn angesehen.

Wenn ich es mir erklären könnte, warum ich nach der Anstalt hinausging. Nicht aus reinem Mitleid. Wohl eher aus jener qualvollen Wißbegier, die den Patienten veranlaßt zu verlangen, daß man ihm das amputierte Glied ausliefert. Ich mußte mit eigenen Augen in die Jahre der Zukunft hineinsehen, die Agathe vor mir voraus hat.

Was sah ich?

Sie, die ihren Mann nie geliebt hatte, sondern ihn so offenbar betrogen hat, wie es nur innerhalb der guten Gesellschaft angeht, sie litt jetzt Höllenqualen aus Eifersucht – ihrem Manne gegenüber. Nicht den Liebhabern gegenüber, deren Zeit war vorüber, sondern ihm gegenüber. Weil er da war. Weil er der einzige war.

Endlich, weil sie seinen Namen trug und ihn auf die Weise an sich gefesselt hatte.

Doch erschien sie mir völlig klar von Gedanken. Sie sagte selbst, als wir allein geblieben waren: das schlimmste ist, daß ich weiß, mein «Wahnsinn» währt nur eine Zeit. Es ist eine Krankheit, die zu meinen Jahren gehört. Eines Tages ist sie überstanden. Eines Tages habe ich mich durch das Unvermeidliche hindurchgerast. Aber was hilft mir das jetzt?

Nein, es half ihr nicht, so wenig wie die schreckliche Schminke, mit der sie ihr verheertes Antlitz bedeckt hatte.

Es half ihr nicht … Daß sie starb, ist ein Glück für sie und die Überlebenden. Aber ich kann mich ja nicht von dem Gedanken an die Stunden befreien, die vorausgegangen sind.

Von dem Augenblick an, wo ihr Entschluß gefaßt wurde, bis er ausgeführt war.

«Wenn die Männer ahnten ...»

Ich kann wohl sagen, es gibt auf der ganzen Oberfläche der Erde keinen Mann, der eine Frau bis auf den Grund kennt.

Nicht einen einzigen Mann, der eine einzige Frau «kennt». Sie kennen genau so viel von uns, wie die Bienen, die das Innere der Blume absuchen und den Unterschied im Duft und in der Süße des Honigs kennen. Nicht mehr.

Es würde auch unmöglich sein.

Wenn sich eine Frau alle denkbare Mühe gäbe, sich so zu zeigen, wie ist «ist», dem Manne oder dem Geliebten gegenüber, er würde sie ja für unheilbar seelenkrank halten.

Wir, das heißt einzelne von uns, deuten unser Wesen wohl durch Launen an, durch hysterische Ausbrüche, durch mürrische Bitterkeit und Mißtrauen, und obendrein ist das Sichnichtbeherrschenkönnen, das auf Ehrlichkeit deuten könnte, in der Regel mit der allerraffiniertesten Hinterlist vermischt.

Und wird Wahrheit zwischen Mann und Frau geredet? Wie oft geschieht das? Im Verhältnis dazu, wo halb und ganz gelogen wird, wo verschwiegen, wo schöngefärbt wird?

Es existiert eine unausrottbare Feindschaft zwischen den Geschlechtern. Man beschönigt dies, weil das Leben gelebt werden muß, weil es leicht und bequem ist, aber die Feindschaft ist da, ist immer da, ist selbst da in den intimen Augenblicken, wo die Geschlechter ihre höchste Bestimmung ausüben – als Geschlechter betrachtet.

Für eine Frau, die Frauen kennt und versteht, würde es ein leichtes sein, dies mit Worten zu beweisen, und jede Frau, die unter vier Augen den Beweis hörte, würde ihr recht geben. Käme aber die Rede in Gegenwart von Männern darauf, gleich würde die Wahrheit unter den Fuß getreten werden wie ein ekliges Gewürm.

Männer können ehrlich sein, gegen sich selbst, wie gegen andere; Frauen können es nicht. Sie sind von Geburt an verpfuscht, die meisten von ihnen von dem Augenblick der Empfängnis an, sie werden später durch die Erziehung, durch den Verkehr mit anderen Frauen und endlich durch die Ehe selbst verpfuscht.

Eine Frau kann einen Mann mehr lieben wie ihr eigenes Leben. Sie kann ihm ihre Zeit, ihre Gesundheit, ihr Leben opfern – aber ihm ihr Vertrauen erschließen, das kann sie nicht, wenn sie ganz Weib ist.

Sie kann es nicht, denn sie wagt es nicht. Ein Mann dahingegen kann – wenn auch in der Regel nur eine kurze Zeit – ohne Vorbehalt lieben. Er läßt sich alsdann aufschließen wie ein Schrank mit vielen Schubfächern und geheimen Räumen. Er liefert sich selbst und seine Vergangenheit aus – die Frau gibt nie mehr von ihrem Vertrauen in einem Liebesverhältnis her, als es die Vernunft eben gestattet ...

Ihr Schamgefühl ist von ganz anderer Art als das des Mannes. Sie würde eher Blutschande begehen, als einem Manne gegenüber ihre geheimen Gedanken ausliefern, die sie doch zuweilen – ohne Bedenken – einer anderen Frau verrät.

Freundschaft zwischen Männern ist von ganz anderer, persönlicherer Art als Freundschaft zwischen Frauen, weil Frauen mehr geben und mehr verlangen.

Freundschaft zwischen Männern ist etwas Redliches, woraus folgt, daß sie sich ohne Zorn, ohne Verpflichtung, ohne Furcht trennen können; Frauenfreundschaft ist eine Art geschworener Freimaurerei, wo der Bruch ein gegenseitiges Verbrechen ist. Gehen zwei Frauen auseinander, so tragen sie in der Regel todbringende Waffen, die zu benutzen ihre gegenseitige Angst sie verhindert ...

Es gibt anständige Frauen. Oder wir glauben daran, daß es solche gibt. Es ist uns ein Bedürfnis, daran zu glauben. Wer glaubte nicht gut von seiner Mutter oder Schwester? Aber wer glaubt ganz an seine Mutter oder Schwester? Ganz unbedingt? Wer hat nie seine Mutter oder seine Schwester bei einer Lüge oder einer Entstellung ertappt? Wer hat nicht, wenn auch nur blitzweise, bei der Mutter oder der Schwester in Abgründe hinabgesehen, die selbst die innigste Liebe nicht überbrücken kann?

Wer hat seine Mutter oder Schwester verstanden?

Der Mensch steht allein, der Mensch ist allein. Jede Frau bewohnt ihren eigenen Weltkörper, aus Feuer gebildet, mit nur einer erhärteten Erdkruste umher. Und so wie die Sterne ihre ewigen Wege im Weltenraum wandern, einsam in dem zahllosen Gewimmel von Sternen, so geht auch jede Frau ihren einsamen Gang durch das Leben.

Es wäre ihr besser, mit nackten Füßen auf Glasscherben zu gehen, denn der Schmerz wäre nichts gegen den, den sie empfindet, wenn sie lächelnd aus ihrer eigenen Jugend in die Verzweiflung hineingeht, die Altern und Alter heißt.

Das viele Philosophieren kommt wohl davon, daß ich heute mittag Heilbutt gegessen habe, und das ist ein sehr schwerer und schlecht verdaulicher Fisch. Oder daher, daß ich, nur von Jeanne und Torp umgeben, auf meine eigenen zwecklosen Betrachtungen angewiesen bin.

Sowie die Kleider keinen Einfluß auf das Befinden der meisten Männer ausüben, haben auch äußere Umstände keine Macht über ihr Stimmungsleben. Ganz anders bei uns Frauen. Wir sind nicht dieselben in den verschiedenen Kleidern. Wir legen ein Wesen an, das der Toilette entspricht, die wir tragen. Wir gehen auf eine andere Weise, lächeln, reden, führen uns anders, je nach den rein äußeren und rein zufälligen Umständen.

Nehmen wir an, eine Freundin will sich einer anderen anvertrauen. Sie tut es nicht auf dieselbe Weise und nicht mit denselben Worten in einem Gesellschaftssaal wie in einer Dämmerstunde in einem kleinen Kabinett, selbst wenn sie in beiden Fällen allein mit derjenigen ist, der sie sich anvertraut.

Wenn daher gewisse Frauen in hohem Maße mit Vertrauen beehrt werden, selbst von recht reservierten Naturen, so bin ich überzeugt, daß dies seinen Grund nicht in seelischen, sondern in rein körperlichen Eigenschaften hat.

Wie über einem Zimmer jenes warm Zutrauenerweckende liegen kann, das bewirkt, daß sich ein Gast ohne ein einziges Willkommenswort heimisch fühlen kann, so kann auch eine Frau eine solche Empfänglichkeit ausstrahlen, daß andere Frauen sich ihr gegenüber gleich ausschütten müssen.

Die Geschichte des Lächelns ist nie geschrieben. Ganz einfach, weil diejenigen, die sie schreiben könnten, sich dazu für zu gut halten. Zu treu gegen ihr Geschlecht sind. Männer sind ja ebenso unwissend in bezug auf die Art und Ursache und die Bedeutung des Lächelns, wie sie es in bezug auf alles andere sind, was die Frau betrifft – nicht einmal das Geschlechtsleben ausgenommen.

Ich habe mit mehreren berühmten Frauenärzten gesprochen und getan, als bewundere ich ihr Wissen. Drinnen in mir gluckste es, noch lange vor Lachen über ihre Einfältigkeit. Sie können aufschneiden und zunähen wie Kinder, die die Puppen aufschneiden, um die Sägespäne zu sehen, und die Wunde mit Nadel und Faden wieder zuheften. Anderes und mehr erfahren sie nicht. Ja, eins vielleicht. Es wird ihnen doch vielleicht im Laufe der Jahre klarer, daß ihnen die Frauen in bezug auf Lügen so überlegen sind, daß sie am besten daran tun, sich ein für allemal den Anschein zu geben, als glaubten sie ihnen aufs Wort.

Frauenärzte können so klug sein wie sie wollen, nichts erfahren sie von alledem, was Frauen einander gegenseitig anvertrauen. Und das ist begreiflich. Zwischen den Geschlechtern herrscht ja nicht nur die innigste, ewige Feindschaft, sondern auch die unübersteigbare Kluft aus Mangel an Verständnis.

Alle Wörter der Sprache zusammen können nicht ein einziges Lächeln ausdrücken – und das Lächeln ist zwischen den Frauen ein Freimaurerzeichen, das wir ruhig zeigen können, denn niemand außer uns wird es deuten können.

Das Lächeln ist eine Sprache, die nur wir kennen. Im Lächeln lösen wir jeden Trieb, jedes Laster aus, und im Lächeln spiegeln wir die größten Tugenden ab – und die große Leere.

Aber die Klugen unter uns verschanzen sich hinter künstlichem Lächeln.

Männer können überhaupt nicht lächeln, sie sehen mehr oder weniger wohlwollend, mehr oder weniger vergnügt, mehr oder weniger erotisch in Anspruch genommen aus. Zum Lächeln sind sie nicht geschmeidig, sind sie nicht hinterlistig genug.

Die Frau, die nicht aus Klugheit eine Maske vor das Gesicht nimmt, gibt ihre Seele in ihrem Lächeln preis. Ich habe Frauen gesehen, die sich die Seele aus dem Leibe lächelten.

Niemand denkt laut, die meisten lächeln brüllend laut. Aber das, daß wir unsere eigene Hinterlist, unser eigenes mahlstromwirbelndes Innere in alle Winde hinaus zu lächeln wagen, das zeugt von dem ungeheuren Zusammenhalten des Geschlechts.

Wann wird eine Frau von einer anderen verraten?

Diese Treue hat ihren Grund kaum in edlen Motiven, sondern in der reinen, puren Furcht, sich selbst auszuliefern, indem sie die Dinge offenbart, die das geheime Gemeingut des Geschlechtes sind.

Aber wollte eine Frau sich einmal ganz preisgeben …

Ich habe darüber nachgedacht, und ich weiß in diesem Augenblick nicht, ob sie ihrem Geschlecht nicht einen für alle Zeiten unwiderbringlichen Schaden zufügen würde.

Wir sind so zusammengesetzt aus Gut und Böse, aus Echt und Falsch, daß eine mehr als haarfeine Defininierungsgabe dazu gehörte, um den Ausgangspunkt der einzelnen zu finden.

Männer eignen sich nicht zu dieser Arbeit.

In den letzten Jahren ist es Mode gewesen, daß Dirnen und Freudenmädchen in Tagebuchform oder in Form von Bekenntnissen ihre Erlebnisse ausliefern. Aber ob wohl irgendeine Frau in dieser ganzen Literatur einen einzigen intimen Zug, ein einziges schamloses Entschleiern der innersten Gefühle gefunden hat, die sonst hinter Tausenden von Schleiern verborgen werden? – Ich glaube nein.

Teils sind wohl solche armen Seelen außerstande, mehr zu berichten, als die nackten Tatsachen mit so harten Händen, wie das Leben sie angefaßt hat. Teils wissen sie aus der traurigen Erfahrung, daß Verständnis nicht die Sache der Männer ist.

Wenn endlich eine solche Frau alles dafür einsetzen wollte, eine wahre und eingehende Schilderung ihres Seelenlebens zu geben – wo würde sich wohl der Verleger finden, der es wagte, seinen Namen für die Herausgabe des Buches herzugeben?

Ich entsinne mich eines Mannes, der einmal in edlem Glauben an das Gute und in starker Überzeugung von seiner eigenen Macht versuchte, ein kleines Mädchen, das in einem Bordell festsaß, zu «retten». Er nahm sie als Schwester zu sich. Er opferte ihr Zeit und Vertrauen. Sein Stolz über die Verwandlung, die mit ihr vorging, war grenzenlos. Sie war dankbar wie ein Hund und schämig wie eine Romanbraut. Er beschloß, sie zu ehelichen. Eines Tages war sie verschwunden. Sie hinterließ einen Zettel mit den Worten: – Hab Dank, aber Du langweiltest mich!

Er hatte während der ganzen Zeit auch nicht ein Tüttelchen von dem Wesen des Mädchens erfaßt, hatte nicht verstanden, daß, wenn er ihr genügen wollte, er nicht nur gut gegen sie sein, sondern ihr auch das Aufgegebene erstatten mußte.

Für mich liegt eine eigene Festlichkeit über weiblichen Herzensergüssen – so lange sie nicht zwischen nahen Verwandten stattfinden, denn da werben sie plump und gemein –, eine Schönheit, eine Wärme, selbst wo aller äußerer Anstand beiseite gelegt wurde, und ein Hochdruck von Gefühlen, der alles verzeiht.

Ich entsinne mich eines Tages – in Treibhauswärme und Rosenduft –, wir sprachen vom Weinen. Anfangs zierte man sich ein wenig, ehrlich zu sein, aber ein Wort hakte fest in das andere hinein, wir wanden uns gleichsam ein, spannen uns in unser eigenes Gewebe, und endlich hatte eine jede von sich gegeben, was bisher wohl verwahrt lag, als gutes und sicher wirkendes Gift.

Nicht eine einzige unter uns allen weinte aus innerer Notwendigkeit. Die Tränen sind eine Gabe aus der Hand der Natur. Es ist dann unsere eigene Sache, damit verschwenderisch umzugehen oder hauszuhalten.

Wunderlich berührte es mich, Soffi Hardens Bekenntnis zu hören. Weinen war für sie nur ein erotisches Spiel, ein Schmerz, der mit dazu gehörte, um ihr den vollkommenen Genuß zu verschaffen. Und der Mann, das liebe Wesen, glaubte, er verursache ihr körperliche Schmerzen, was sie ihn ihr ganzes Leben lang glauben ließ.

Die meisten benutzen die Tränen, um sich selbst damit aufzuregen, wenn sie einer Szene bedurften. Aber Astrid Bagge, das sanfte Hausmütterchen, sammelte ihre Sorgen für die Abende, wo ihr Mann auf dem Schießbahndiner war – denn er mochte niemand weinen sehen. Dann amüsierte sie sich damit, in Finsternis und Einsamkeit den Kummer der vergangenen Wochen von sich zu tropfen.

Ich sprach ausnahmsweise einmal die Wahrheit, als ich erklärte, daß ich mir aus Ökonomie den Luxus nur alle zwei Jahre einmal erlaubte, selbst, wenn das Bedürfnis dazu sehr stark sei. Mein Teint ist, sollte ich meinen, ein Beweis für meine Worte.

Es gibt ja Wüsten, wo niemals Regen und niemals Tau fällt. Und mein Leben ist eine Wüste gewesen.

Ich, die ich es liebe, Vertraulichkeit zu empfangen, habe eine ganz krankhafte Angst davor, sie zu geben. Vielleicht kommt es daher, daß ich als Kind so viel allein und auf mich selbst angewiesen war.

Je mehr ich über das Dasein nachdenke, je klarer wird es mir, daß ich schlecht mit meinem Pfund gewuchert habe. Ich habe keine süßen Erinnerungen der Treulosigkeit, ich bin unantastbar – und müde.

Ich sitze hier und schreibe für mich selbst und weiß, daß, was ich schreibe, nur von mir gelesen wird, und doch ist es nicht ganz echt.

Ich kann es also nicht sein, nicht einmal mir selbst gegenüber.

Das Leben ist an mir vorübergegangen, meine Hände sind leer, jetzt ist es zu spät. Das Glück pochte an meine Tür, und ich Törin, ich tausendfältige Törin, ließ es nicht ein.

Ich beneide jede Dirne, die mit ihrem Galan außer Landes laufen kann, aber ich bleibe sitzen und warte auf das Alter.

Elsbeth Bugge … Jetzt, wo ich den Namen sehe, ist es mir, als stünde sie hinter meinem Rücken und weinte, und ich fühle die

Tränen auf meinen Hals tropfen. Ich kann nicht weinen, obwohl ich es gern wollte.

Herbst. Torp macht ein gewaltiges Feuer in den offenen Kaminen mit großen Holzscheiten. Das brennende Holz verbreitet einen bezaubernden Duft und füllt das Haus mit Traulichkeit. In Ermangelung besseren Zeitvertreibs schüre ich selbst das Feuer. Ich pflücke sorgfältig die Rinde von jedem Holzscheit, ehe ich es hineinwerfe. Der Geruch der Birkenrinde ist für mich berauschender als ein Chateau-Wein. Ich sitze und träume darüber, wie ein Trinker über seiner Flasche. Die Träume kommen und gehen.

Jörgen Malthe, du Kind von einem Mann ...

Der Garten gleicht einem kümmerlichen Friedhof, den die Lebenden zu pflegen vergessen. Der wilde Wein hängt in blutigen Fetzen von der Veranda herab. Die Schnecken winden sich dahin, gleich abgezehrten, schwangeren Wesen im Regenwetter, die Hecke ist eingesabbelt von Spinngeweben, der Erdboden ist wie ein Schleim, wenn man darauftritt. – Und dann gibt es Menschen, die finden, daß der Herbst schön ist ...

Mein Wille ist gezähmt, durch Ekel über mich selbst. Unwillkürlich lausche ich und sehne mich nach der Post, die mir nichts bringt. Meine Hände fühlen deutlich die steifen Einladungskarten, die sich gerade zu dieser Zeit aufhäuften. Gegen Abend werde ich unruhig. Früher war der Tag ein geschäftiges sich Steigern bis zur «Gesellschaftsstunde» – jetzt fallen die Stunden vor meinen Augen in Asche zusammen.

Ich bin ich selbst, und ich bin doch nicht ich selbst. Es gibt Augenblicke, wo ich alles Lebende beneide, was zu Zweien ist, und das sich paart – mag es in Haß oder aus Gewohnheit geschehen. Denn ich bin allein und ausgeschlossen. Was hilft es da, daß ich trotzig sagen kann: ich wählte selbst!

Brief von Malthe.

Nein, ich erbreche ihn nicht. Ich will nicht wissen, was er schreibt. Der Brief ist schwer.

Meine Nerven sind ruhig. Ich liege lange wach und wache oft auf. Die Sterne stehen über meinem Kopf, nie habe ich ein solches Gefühl von Ruhe und Frieden gekannt. Hat das seinen Grund in den Sternen – oder in dem Brief?

Zweiundvierzig Jahre bin ich alt. Es läßt sich nicht ändern. Nicht einen Tag kann ich mir zurückkaufen. Zweiundvierzig Jahre ... Aber während der Nacht peinigt mich das nicht. Die Sterne dort oben rechnen mit Ewigkeiten, nicht mit Jahren, und ich lächle, wenn ich daran denke, daß, sobald Richard heimgekehrt ist, die Stuben am alten Markt wieder erleuchtet sein werden, und der Kreis wird sich wieder versammeln, ohne mich.

Das einzige, was ich gern wissen möchte, ist, ob Malthe noch in Dänemark ist.

Ich möchte wissen, wo meine Gedanken ihn suchen sollen, daheim oder im Auslande.

Ich habe ihn verraten, ich habe ihn «den Jungen» genannt. Ich habe ihn «das Kind» genannt .

Im Verhältnis zu meinen Jahren, ja, aber im Verhältnis zur Wahrheit ...

Es ist wohl das Gemeinste, zu dem sich ein Mensch herabwürdigen kann, wenn er das einzige verspottet, was ihm heilig ist. Mein Gefühl für ihn war und ist heilig. Ich selbst habe es besudelt.

Aber, wenn ich in meinem Bett unter dem großen Himmel liege, ist es, als ob all meine Schuld ausgelöscht wird. Das Schicksal allein, das den Himmel auf seinen Schultern trägt, das Schicksal allein ist schuld an dem allen, und ich möchte nichts anders haben.

Der Brief wird nie gelesen werden. Mit meinem Willen nicht.

Ich weiß nicht, was für ein Datum wir haben, das ist ein Schritt vorwärts in dem Zustand, nach dem ich mich sehne. Könnte ich nur so weit kommen, daß die Tage und Monate an mir vorübergleiten, so daß ich die Jahreszeiten nur an den wechselnden Farben des Waldes und an dem Wechsel der Luft von Wärme zur Kälte spürte.

Ach, es ist noch lange bis dahin.

Ich habe einen Zusammenstoß mit mir selbst gehabt. Während der ganzen Zeit habe ich hier gelebt, wie wenn ich eine Vorsaison in Tirol durchmachte. Ich habe wieder Komödie mit dem heimlichen Hintergedanken gespielt, daß das Leben von neuem beginnen könnte.

Ich habe vor Angst gefroren. In den letzten Nächten habe ich nicht geschlafen. So muß es für denjenigen sein, der übers Meer zieht und nichts von dem Lande weiß, in das er kommt, der aber glaubt, das es ist, wie sein Heimatland, und der dann in eine Einöde gelangt, der er Leben und Wachstum durch Mühe und Arbeit geben soll, die er blühend machen soll durch seine Sehnsucht und seine Träume. Wenn die Einöde ihm heimatlich geworden ist, dann ist seine Zeit vorbei ...

Könnte ich mich doch nur entschließen, den Brief zu verbrennen ... Ich wäge ihn in meinen Händen, in der rechten wie in der linken. Sein Gewicht macht mich in dem einen Augenblick froh, – in dem nächsten Augenblick erfüllt es mich mit Angst. Wiegen denn die Buchstaben auch oder ist es nur das Papier?

In der Nacht hielt ich ihn an ein Licht, als aber die Flamme meinen Brief berührte, riß ich ihn an mich, das einzige, was ich noch habe ...

Richard teilt mir mit, daß man Malthe den Bau eines großen Hospitals übertragen hat. An der Konkurrenz nahmen unsere ersten Architekten teil. Er fragt, ob ich nicht stolz auf «meinen jungen Freund» bin. Auf meinen jungen Freund ...

Jeanne sprach heute über sich. Sie war, glaube ich, ganz verwirrt geworden von dem heftigen Blätterfall während der letzten drei Tage, der uns fast blind gemacht hat. Sie steckte mein Haar auf. Mit den Fingern zeichnete sie einen Strich quer über meine Stirn: – Hier sollte ein Band mit roten Steinen sitzen. Ich antwortete, daß ich selbst einmal dasselbe gedacht, es aber aus Rücksicht auf meine Mitmenschen aufgegeben habe.

Hier sind ja keine Mitmenschen, sagte sie. Ich lachte: – Dann ist da auch niemand, für den man sich schmücken könnte! Jeanne zog die Nadeln heraus, so daß das Haar herabfiel. – Wenn ich reich wäre, würde ich mich für mich selbst schmücken, nur für mich selbst. Die Männer verstehen sich doch nicht darauf, zu sehen.

Wir sprachen weiter wie zwei Frauen, und nach einer Weile schenkte ich ihr einige seidene Strümpfe, in der Erinnerung an das, was ich entdeckt habe. Statt mir zu danken, sagte sie mit einer Plötzlichkeit, die konsternierend wirkte: – Ich habe mich einmal für ein Paar grüne, seidene Strümpfe verkauft! Ohne es zu wollen, stellte ich die Frage: – Haben Sie den Handel bereut? Das Mädchen sah mir in die Augen: – Ich weiß nicht, ich dachte nur an meine Strümpfe. Natürlich ist es gefährlich, dergleichen Gespräche zu führen, aber ich bin klüger dadurch geworden. Nur ist es mir ein zehnfaches Rätsel, wie Jeanne auf den Einfall kommt, sich auf meiner Insel zu verbergen und meine Einsamkeit zu teilen.

Wir haben in dieser Zeit einen Mann im Hause. Torp hat ihn besorgt. Er gräbt im Garten und haut Brennholz. Aber der Geruch geht auf Torp über und geht auf diese Weise auch mich an.

Er sieht Jeanne nach, sie lächelt mir zu. Torp geht ihm um den Bart, und ich spüre jeden Abend Pfeifenrauch im Keller.

Ich habe mich oben eingeschlossen und Patiencen gelegt. Ich hole sie aus der Erinnerungskiste hervor, deren sieben Schlüssel ich ins Meer geworfen zu haben glaubte. – Ein elender Zeitvertreib, aber das Klavier macht mich traurig, und weiter habe ich nichts.

Malthes Brief ist noch unberührt. Aber ich schleiche um ihn herum wie eine gewarnte Maus um eine Falle. Mein Herz sehnt sich danach, zu wissen, welcher Worte er sich bedient.

Er und ich gehören unser Leben lang zusammen. Wir tun es, weil ich klug war. Sieht er mich nicht, so wird er mich nie vergessen können ...

Als wenn ich einen einzigen Augenblick daran glaubte!

Es ist also nicht möglich, allein mit sich selbst zu bleiben!

Keine Absperrung, nicht einmal ein isoliertes Zellenleben verschlägt. So stark sind die Bande, die uns mit der Freiheit verketten, und so groß ist die Macht der Erinnerung, daß man niemals Herr über die Wahl seiner Gesellschaft wird. Man hat sich mit Menschen eingelebt, und ist man mit Wissen über sie erfüllt, wird man sie nie wieder los.

Ein Laut, ein Duft, und ein Mensch, ein Milieu, ein Schicksal springt leibhaftig vor uns auf. Und oft sind es nicht einmal Menschen, die Bedeutung für mich haben, deren Wohlergehen mir eine gleichgültige Sache ist, aber sie drängen sich vor, gewaltsam, unabweisbar.

Vor wirklichen Menschen kann man sich verleugnen lassen, Gedankengäste ist man gezwungen anzunehmen. Mit ihnen muß man sich beschäftigen und ohne Hintergedanken reden.

Menschen werden für mich wie Bücher, ich lese sie durch, blättere darin, unterstreiche, lerne auswendig. Hin und wieder stutze ich, ich erblicke sie in einem anderen Licht. Dinge, die mir unklar waren, werden begreiflich, scheinbar Unverständliches entschleiert sich als schlaue Berechnung.

Es könnte ein wirklich ansprechender Zeitvertreib werden, wenn ich das Zusammensein beherrschte, aber ich bin Sklave derer, die auf diesem Wege ungerufen zu mir kommen. In der Stadt war es anders. Dort spülte der eine Eindruck den anderen weg. Ich merkte nicht die Mühe des Denkens.

Die Zeit nähert sich. In den letzten Tagen bin ich heiß und unruhig vor Nervosität gewesen. Heute habe ich ohne Grund alle Briefe aufgerissen und gelesen, nur nicht den seinen. Sie wirkten wie vorjährige Zeitungen, doch bekam ich Herzklopfen bei jedem einzelnen, den ich öffnete.

Das Leben da draußen geht seinen Gang, es hat nur nichts mehr mit mir zu schaffen, und lange wird es nicht dauern, bis ich ganz still aus der Erinnerung ausgelöscht sein werde wie eine Verstorbene. All die Qualen, all das verdeckte Fürchten, all die Fürsorge, all die Wünsche und Ermahnungen, all die Versicherungen von Tränen – nicht ein einziges wirkliches Gefühl steckt hinter dem Ganzen.

Margarethe Ernst ist die einzige, die sich treu bleibt und nicht von falscher Sentimentalität hinreißen läßt. Sie schreibt zynisch und brutal: – Eine Morphiumspritze hätte wohl dieselbe Wirkung gehabt, aber jedes Tierchen hat ja sein Pläsierchen!

Und Lili mit ihrem naiven überströmenden Herzen: Sie schreibt munter und leicht, während es zwischen den Zeilen weint. Sie gönnt mir alles Gute und nimmt sich Malthes mütterlich an, «der ja freilich sehr stumm und still ist, aber glücklicherweise stark in Anspruch genommen durch seinen neuen Konkurrenzsieg, das große Hospital, das ihn für mehrere Jahre hier ans Land fesselt».

Seine Arbeit erfüllt ihn, er ist jung genug, um zu vergessen.

Aber all ihre Berichte von Unglücksfällen, Todesfällen und Skandalen – vor einem Jahr würde mich jeder einzelne in Schwingung versetzt haben, jedenfalls so, wie der Anblick einer Feuersbrunst oder eine Theatervorstellung. Jetzt amüsiert es mich mehr, den Rauch aus meinem eigenen Schornstein zu verfolgen und zu sehen, wie er von den Baumwipfeln aufgefangen wird.

Richard reist umher mit seinem Kummer und berichtet mir getreulich von allen Sehenswürdigkeiten der großen Städte und von seinen einsamen schlaflosen Nächten. Ob sie wohl wirklich immer so einsam sind? …

Er langweilt mich jetzt wie ehedem mit seinen ellenlangen Erklärungen und seinem ganzen großbürgerlichen Wesen. Aber er ist lange Jahre hindurch Herr meiner Sinne gewesen, und ich werde ihn nie ganz los werden. Den einen brutalen Ruck, der dazugehört, zu unternehmen, dazu kann ich mich nicht bequemen. Ich muß ihn in dem Glauben an das Glück unseres Zusammenlebens lassen.

Warum habe ich die Briefe gelesen? Was erwartete ich von ihnen? Es lag doch eine eigene unbestimmte Spannung in dem Gedanken, daß, wenn ich sie einmal erbrach, mir Überraschendes daraus hervorflattern könnte.

Den einen, der noch übrig ist, zu erbrechen, dazu werde ich nie den Mut finden. Ich will nicht wissen, was er schreibt! Er kann nicht schreiben, das weiß ich. Er spricht nicht gut; schreiben kann er noch weniger. Und doch erscheint mit der verschlossene Brief wie ein Schatz.

Wenn ich ihn nur berühre, ist es mir, als wäre ich im selben Zimmer mit ihm.

Lilis Brief hat mir doch gut getan, ihre königliche Ruhe geht durch alles, was sie unternimmt. Sonderbar, daß sie nicht versucht, mich zu überreden wie die anderen. «Du mußt ja selbst am besten wissen, was das richtigste ist.» Diese wenigen Worte von ihr stärken mich unsagbar, wenn ich auch das Gefühl habe, daß sie keinen Begriff davon hat, wie es in mir aussieht.

Für sie ist das Leben «ein klares Dahinsegeln der Tage» – glückliche Lili! Sie gleitet in das Alter hinein, wie sie in die Ehe hineinglitt, lächelnd, ruhig, zufrieden. Niemand und nichts kann ihre Ruhe stören.

So ist es also, wenn Seele und Körper in demselben Umfange Ruhe finden.

Jeanne hat mich, ein wenig verlegen, gebeten, ob sie nicht das Brausebad benutzen dürfe, und ich habe ihr die Erlaubnis gegeben. Es ist nur begreiflich, daß sie eine Wohnung im Keller nicht goutiert. Aber es wird ein paar Wochen dauern, bis ich auch da ein Badezimmer eingerichtet habe, und während dieser Zeit muß ich auf das Bad verzichten.

Ich kann weder mein Bad noch mein Schlafzimmer mit irgend jemand teilen, am wenigsten mit einer Frau. Nie werde ich meinen einzigen Besuch im römischen Bad und den Anblick von Hilda Bang vergessen. Sie, die mit Kleidern doch wirklich eine pompöse Erscheinung mit guten Formen war, wurde das Häßlichste des Häßlichen da drinnen in dem Wärmenebel. Lieber wollte ich zwischen nackten Männern umhergehen, als mich unangekleidet vor einer Frau sehen lassen.

Ein Beweis von Schamhaftigkeit ist es nicht, was ist es dann?

Wie still es hier ist! Nur Mittwochs und Sonnabends fährt der Dampfer nach England vorbei, ich weiß es, ich höre den schaufelnden Laut, aber ich halte mich zurück, um nicht zu sehen. Den Fall gesetzt, mich wandelte die Lust an, davonzulaufen …

Eines schönen Morgens, wenn Jeanne den Tee bringt, ist das Bauer leer …

Nein, die Mauern halten mich gut genug. Wohin sollte ich auch nur gehen? Für das einzige Wahnsinnige, das mich früher so oft verlockte, ist es jetzt zu spät.

Die Zeit ist verpaßt. Das Leben ist vorbei.

Aber ich habe mich daran gewöhnt, dazusitzen und an meinem Nähzeug zu prickeln. Gott weiß, es schafft nicht viel, aber es zwingt mich zu einer eigenen Art von Ruhe.

Ich habe angefangen, launenhaft zu werden. Außer den Mahlzeiten schelle ich zwei-, dreimal am Tage nach Tee wie eine Rekonvaleszentin, die eine Mastkur durchmacht. Jeanne steckt mein Haar mit beständiger Sorgfalt auf, wer weiß, ob es sonst überhaupt frisiert würde.

Was bedarf ein Mensch wohl mehr, als Frieden und Stille!

Könnte ich das Gefühl von Leere aus den Händen los werden, so würde alles gut. Gestern ging ich ans Wasser hinab und sammelte kleine Steine. Ich nahm sie mit mir und spielte damit, sie füllten mir die Hände. Über Nacht mußte ich aufstehen und sie holen, und ich erwachte mit einem scharfen Stein in jeder Hand.

Hysterie nimmt doch die wunderbarsten Formen an. Aber, ob ich im Grunde weiß, was Hysterie eigentlich ist? Einmal meinte ich, es habe mit dem Geschlechtsleben zu tun, aber ich habe Frauen getroffen, die so wohl versorgt wie nur möglich mit erlaubter und unerlaubter Erotik waren – hysterisch waren sie trotzdem.

Ich fange an, den Zauber des Klosterlebens zu begreifen, Stille, Einförmigkeit, Stumpfsinn. Aber der Vergleich hinkt. Im Kloster ist man der Verantwortung und des Willens beraubt, und davon kann ich mich doch nicht befreien.

Aber soweit bin ich gekommen, daß nur das, was innerhalb meiner Gartenmauer liegt, mir als wirklich und nachdenkenswert erscheint.

Das Haus am alten Markt kann meinetwegen bis auf die Grundmauern ausbrennen, Richard kann sich wieder verheiraten, Malthe kann …

Ja, ich glaube es, ich glaube, ich könnte die Mitteilung mit derselben Fassung hinnehmen wie die stummen Mönche, wenn ihnen der Prior verkündet, ein Bruder ist gestorben, betet für ihn. Niemand weiß, ob es sein Bruder oder sein Vater ist, und niemand bekommt es zu wissen.

Ich habe mich losgerissen. – Aber ganz frei bin ich erst an dem Tage, wo ich höre, daß er sich an eine andere gebunden hat. Grenzenlose Feigheit, daß ich nicht den Mut habe, den Brief zu öffnen.

Abend.

Es sollte ein Klosterorden gegründet werden, im großen und munteren Stil der Frauen zwischen Vierzig und Fünfzig. Eine Art Asyl für die Opfer der Übergangsjahre. Denn es kommen ja in dem Leben einer jeden Frau die Jahre, wo ihr am besten mit einer freiwilligen Einsperrung oder auf alle Fälle mit einer vollständigen Absperrung von dem andern Geschlecht gedient wäre.

Solche Frauen, die unter derselben Krankheit leiden, müßten einander das Dasein nicht nur erträglich, sondern auch harmonisch gestalten können.

Wir sind in den Jahren verrückt, aber wir kämpfen, um uns für klug halten zu lassen.

«Wir», ich bin noch nicht so weit, vielleicht an Jahren, aber nicht an Temperament. Aber jeden Tag rückt die Zeit näher; in weiter Ferne höre ich sie schleichen. Durch Zufall und durch Berechnung ist mein Äußeres noch jung. Aber was hat es mich nicht gekostet, mit meinen Gefühlen sparsam umzugehen?

Das Alter ist schließlich ein ansehnliches Ziel. Eine Zinne, die bestiegen werden muß. Ein Berg, von wo aus man das Leben nach allen Seiten überschaut. Wenn man nicht auf dem Wege hinauf durch den ewig fallenden Schnee erblindet ist. Ich fürchte nicht das Alter, sondern den Übergang. Den Tag, den Augenblick, wo man «das» aus seinen Händen entgleiten fühlt. Wo der Ruf des Herzens nur lachenerregend wirkt.

Für uns alle kommt wohl die Stunde, wo wir uns einbilden, daß die Zeit sich besiegen oder überlisten läßt – bald sehen wir die Ungleichheit des Kampfes ein. Der Ausfall bleibt sich gleich. Bange sind wir, bange vor dem kommenden Tage, noch mehr bange vor der Nacht. Wir schmücken uns für die Nacht, als könnten wir damit unsere Angst auf die Flucht jagen.

Wir geben acht, was wir essen, wie lange wir schlafen, geben acht, ob auch das Lächeln Falten hinterläßt ... Aber wir sind stumm in bezug auf unsere Furcht. Wir schweigen und wir lügen. Aus Stolz und Scham.

Niemand hat bisher jemals laut die Wahrheit ausgesprochen, daß die Frau, mit jedem Jahr, das vergeht – wie wenn der Sommer kommt und die Tage länger werden –, mehr und mehr Weib wird. Sie erschlafft nicht in dem, was ihr Geschlecht betrifft, sie reift bis tief in den Winter hinein.

Aber die Gesellschaft zwingt sie, einen falschen Kurs zu steuern. Ihre Jugend darf nur bestehn, solange die Haut glatt und der Körper verlockend ist. Sonst gibt sie sich dem boshaften Gelächter preis. Eine Frau, die es wagt, das Recht des Lebens in den späteren Jahren zu fordern, wird mit Abscheu betrachtet. Niemand bemitleidet sie, an niemandem hat sie einen Halt.

Es geschieht wohl, daß der Sturm die Blätter eines Baumes in einer Nacht abfegen kann – wann altert wohl eine Frau an Seele und Körper in einem einzigen Augenblick? Wir sind von Geburt an verflucht.

Ich klage niemanden für mein Leben an. Ich bin selbst Herr darüber gewesen. Und könnte ich wieder von vorne anfangen, würde ich wohl die Jahre zum zweiten Male vergeuden.

Weihnachtsabend.

Jetzt ist Fest am alten Markt. Richards Brief ging mir tief zu Herzen, etwas in mir sehnte sich nach seinem rechtlichen Sinn …

Wozu all diese Lügen? Mein Körper bedarf wohl einer Umarmung.

Ist das roh? So verquackelt sind wir Frauen, daß es eine Schande wäre, so etwas einzugestehen. Ja, ich entbehre Richard, nicht den Mann, nicht den Freund, sondern den Liebhaber, ich entbehre das eine: die Müdigkeit nach dem Genuß.

Was hilft es mir, dann stundenlang in dem stummen Wald zu wandern.

Lili hat mir in ihrer Herzensunschuld einen diminutiven Tannenbaum geschickt, den sie und die langen Mädchen aufgeputzt haben. Mit winzig kleinen Netzen und Körben. Sie behandeln mich wie eine Kranke oder wie ein Kind.

Nein es ist gut so, wie es ist. Nie soll Lili den Kummer erleben, zu erfahren, daß ich ihre Kinder haßte, weil sie die Jugend waren, die mich früher oder später verdrängen mußte.

Ich habe meine Augen gut gebraucht, und ich weiß, was ich weiß: Zwischen den Generationen besteht dieselbe Todfeindschaft wie zwischen den Geschlechtern.

Aber während die Jungen in ihrer übermütigen Unbarmherzigkeit über uns lächeln, tun wir so, als amüsierten wir uns mit ihnen und über sie.

Könnten Frauen sich neue Jugend erkaufen, indem sie das Herzblut ihrer Kinder tränken, so würden viele Mordtaten im Geheimen begangen werden ...

Wie habe ich Richard nicht gehaßt, wenn ich sah, wie wohl er sich unter den ganz Jungen fühlte, und wie ernst er sie nahm.

Heute ist Weihnachtsabend. Ich habe eins meiner schönsten Gewänder angelegt – Paquin, Jeanne zu Ehren. Und ich habe meine Person mit Ketten und Ringen behängt, als wäre ich auch ein dummer Baum.

Jeanne hat sich auf diesen Abend gefreut. Sie und Torp sind vor Tau und Tage aufgestanden, um die Zimmer mit Tannenzweigen zu schmücken. Über der Verandatür hängt die schwedische Flagge, die Torp sonst zur Erinnerung an Gott weiß wen über ihrem Bett aufgehängt hat. Es macht mir ein Vergnügen, Jeanne mit dem grünen Crêpe de Chine zu überraschen – meine Farben werden in Zukunft doch wohl Grau und Schwarz sein. Aber wohin soll sich das Mädchen in Crêpe de Chine begeben? Dann muß ich wohl auch die Person mit Seide futtern, damit sie nicht fühlen soll, was ich denke.

Aber nach der obligaten Gans und den unvermeidlichen Weihnachtsspeisen habe ich den Abend der Lektüre der Briefe gewidmet, mit denen mich «die Freunde» pünktlich beehren. Ohne die Schrift zu erkennen, ohne die Namen zu lesen, würde ich aus dem Inhalt eines jeden sagen können, von wem der Brief war. Alle schreiben sie von der Ehre, die Jörgen Malthe widerfahren ist. Das Hospital hier und das Archiv da. Was geht das mich an. Ich wollte, sie hätten lieber geschrieben: – Heute ist Jörgen Malthe von einem Automobil überfahren worden und auf der Stelle tot gewesen.

So bin ich nun einmal eingerichtet. Aber ich will in dieser Nacht nicht an ihn denken, ich will lieber versuchen, an Magna Wellmann zu schreiben. Es ist möglich, daß ich ihr ein wenig nützlich sein kann. Auf alle Fälle kann ich ihr allerlei sagen, was zu hören ihr gut sein wird. Sie ist eine von denen, die es am schwersten haben.

3

Liebe Magna Wellmann,

Ihnen in diesem Augenblick zu raten, ist ein Wagstück, auf das ich mich nur schwer einlassen kann. Dazu sind wir einander zu entgegengesetzte Naturen, in Gewohnheiten, Gedankengang und Temperament. Wir haben nichts weiter gemein, als das unglückliche Alter und das Geschlecht, da würde es Ihnen nicht im geringsten nützen, zu hören, wie ich in dem gegebenen Falle handeln würde.

Darf ich ohne Rücksicht darauf, ob ich sie verletze, offen reden? So will ich gern versuchen, Sie zu leiten, aber es geschieht nur, indem ich Ihnen die Situation klarmache. Sie selbst haben nicht den Mut dazu. Erst, wenn Sie die Verhältnisse sehen, wie sie sind, können Sie eine Bestimmung treffen, ohne es später zu bereuen. Ihr Brief war die verwirrteste Mischung von Selbstbetrug und dem Willen, ganz offenherzig zu sein. Sie versuchen, mir Sand in die Augen zu streuen, und Sie verraten gleichzeitig, was Sie absolut verbergen wollen. Nach dem Brief zu urteilen, ist nämlich das Muttergefühl in Ihnen tierisch stark. Sie sind bereit, für Ihre Kinder zu kämpfen und sich für sie zu opfern. Sie wollen all Ihr Eigenes aufgeben, um den Kindern gesunde, ruhige Bedingungen zu schaffen.

Die Wahrheit ist, daß Sie dasitzen, von Gewissensbissen gequält, die Fremde in Sie hineingepfropft haben. Das Muttergefühl ist bei Ihnen nicht ursprünglich, im Gegenteil. Zu Ihres Mannes Zeiten ließen sie fünf und sieben gerade sein, und sehr oft zeigten Sie recht deutlich, daß die Kinder Ihnen nur eine Last waren. Als die Liebe schließlich kam, galt sie nicht Ihrem eigenen Fleisch und Blut, sondern den kleinen Wesen, die zu lieben und schützen Ihnen das tägliche Beisammensein Anlaß gab.

Jetzt haben Sie den Kopf verloren, weil es ein wenig schlimm aussieht. Ihre oder vielmehr Ihres Mannes Familie hat, auf einem meiner Ansicht nach ungehörigen Wege, sich Ihnen aufgedrängt. Und Sie haben sich bedrohen lassen und haben ihnen dabei unbewußt ein Recht über Ihr Leben und Treiben eingeräumt.

Vergessen Sie nicht, Frau Wellmann, unaufgefordert schoß die Familie die jährliche Summe zusammen, die Sie in den Stand setzte, so zu leben, wie zu Professor Wellmanns Zeiten. Die Summe war Ihnen nicht bedingungsweise übertragen. Jetzt fordern dieselben Individuen – unter Rederei von Ärgernis –, daß Sie auf ihre Bedingungen eingehen sollen, entgegengesetzten Falles will man Ihnen das Geld entziehen oder Ihnen das Erziehungsrecht über Ihre Kinder nehmen. Das ist ganz eigenmächtig von diesen Leuten.

Denken Sie nun genau darüber nach, was hier gefordert wird, ehe Sie sich aus Nervosität die Hände binden lassen.

Sind Sie imstande, ein Keuschheitsgelöbnis zu halten, Sie, Magna?

Vielleicht sollte ein Gesetz eingeführt werden, wonach vermögenslose Witwen ohne Kinder sich eidlich verpflichteten, als Nonnen zu leben oder beim Begräbnis des Mannes verbrannt zu werden. Aber so lange ein solches Gesetz nicht existiert, kann ich kaum glauben, daß eine erwachsene Frau verpflichtet ist, sich dergleichen Versprechungen abzwingen zu lassen.

Ein Versprechen ist ja nicht gegeben, um gebrochen zu werden, und ein solches Versprechen zu halten, würden Sie, meine liebe Magna Wellmann, nicht imstande sein.

Sie sind augenblicklich im Begriff, Ihr Selbstgefühl zu verlieren und ein haltloser und verantwortungsloser Mensch zu werden.

Natürlich hätten Sie sich niemals von Fremden abhängig machen dürfen, indem Sie die Hilfe für die Erziehung Ihrer Kinder annahmen.

Doch sehe ich vollkommen ein, wie schwer es sein muß, plötzlich mit zwei leeren Händen und einer Schar Kinder dazustehen, die nach allen Seiten hin Forderungen stellen. Wagten Sie es nicht, den Versuch zu machen, mit der Witwenpension auszukommen, ja wären Sie doch besser gestellt gewesen, wenn Sie sich von Ihrer Familie zu einem Selbsterwerb hätten helfen lassen.

Sie dachten nicht hieran, und ich war damals zu sehr in Anspruch genommen von den gesellschaftlichen Verpflichtungen, die meine Stellung als Richards Gattin mit sich brachte, um auf das Wohl und Wehe anderer Energie zu verwenden. Außerdem schienen Sie sowohl gerührt als auch dankbar über die Ordnung Ihrer Angelegenheiten.

Aber jetzt nähern wir uns dem Zentralen. Ich habe ja seit längerer Zeit Ihr Vertrauen besessen – länger und in höherem Maße, als mir eigentlich lieb war. Es war mir ein wenig peinlich, während Ihr Mann lebte, ihn sozusagen durch ein Schlüsselloch zu betrachten. Diese Vertraulichkeit berechtigt mich, frei zu reden.

Sehen Sie, Magna, ein Mensch mit Ihrer Natur dürfte niemals durch Ehebande an einen Mann geknüpft sein und dürfte auch nicht Kinder in die Welt setzen.

Sie sind dazu geschaffen – fassen Sie jetzt das Wort bitte nicht als Beleidigung auf –, Sie sind dazu geschaffen, das Leben einer Dirne zu führen. Das klingt häßlich, aber ich weiß kein Wort, das richtiger wäre. Ihre starke Sinnlichkeit, Ihr beständiges Sehnen nach neuen Genüssen, Ihr ganzes Temperament weisen Sie darauf hin. Erziehung und Verhältnisse zwangen Sie in geordnete Bahnen. Aber Sie werden ja nicht leugnen, daß Ihre Ehe ein ungeheurer Fehlgriff war.

Da ist eine – schwache – Möglichkeit, daß Sie sich vielleicht auf längere Zeit mit einem Menschen zurechtgefunden haben würden, der in erster Linie und hauptsächlich Mann war, und am liebsten von der Art, die die Geißel schwingen und die Frau halb als Genußmittel, halb als Sklavin behandeln. Aber ich glaube, daß an dem Tage, an dem Sie ihm ernstlich die «Kunst abgelernt hatten», der Friede ein Ende gehabt haben würde.

Ihr stiller, vornehmer Mann war eine Qual für Sie, wie Sie eine Qual für ihn waren. Sie mißhandelten ihn, ohne es zu wollen, schlimmer als ein Henker. Die fürchterlichen, nächtlichen Szenen, zu denen Sie ihn reizten, und die damit endeten, daß er seiner Natur Gewalt antat und brutal wurde, diese Szenen waren Ihnen ja ein Bedürfnis wie Essen und Trinken und Schlaf. Nur dadurch fanden Ihre Sinne hin und wieder die Befriedigung, die er Ihnen sonst nicht zu schaffen vermochte.

Liebe Frau Magna Wellmann, Sie finden, daß auch ich brutal bin, weil ich Ihnen dies jetzt sage – damals hatte ich nicht den Mut zu reden. Aber glauben Sie mir, mehr als einmal lag es mir auf der Zunge zu sagen: – Nehmen Sie sich einen Liebhaber, statt den armen Mann zu quälen, dessen einziges Verbrechen darin besteht, daß er Ihnen nicht genügt!

Ich hütete mich, Schicksal zu spielen, und Sie zogen es vor, ihm treu zu bleiben. Eine teuer verkaufte Treue!

Ich behaupte nicht, daß Sie Ihren Mann nicht lieb hatten. Sie lernten Wert auf seine guten Seiten legen, aber ein eigentliches Zusammenleben zwischen ihm und Ihnen existierte nicht. Sie haßten seine Arbeit. Nicht nach Art eifersüchtiger Frauen, weil sie Ihnen seine Zeit und sein Vertrauen raubte, nein, nur weil er seine Manneskraft bei der großen Gehirnarbeit zusetzte, die für ihn das Höchste im Leben war. Obwohl Sie ihn nicht liebten, hätten Sie gern seinen ganzen Ruhm für eine glühende Liebesnacht hingegeben.

Bei seinem Tode verloren Sie den fürsorglichen Versorger und die Position, die damit verbunden ist, wenn man mit einem hervorragenden Mann verheiratet ist. Ihr Kummer war aufrichtig, Sie empfanden Leere und Einsamkeit. Und dann klammerten Sie sich in gutem – aber irrtümlichem Glauben an die Kinder. Sie hatten die redlichste Absicht, ausschließlich für sie und mit ihnen zu leben.

Wohl drei Monate ging alles gut, dann begann der Kampf. Wissen Sie, Magna, ich bewundere Sie wegen dieses Kampfes!

Sie wollten nicht nachgeben. Sie kleideten sich in Sack und Asche, Sie klammerten sich an den Trauerschleier, Sie umgaben sich mit Ihren Kindern, Sie kämpften um das Leben.

Der innere Kampf machte Sie nur noch anziehender, er verlieh Ihnen gleichsam ein Adelsgepräge, das früher nicht vorhanden war.

Man sprach über Sie und mißtraute Ihnen schon damals, wo Sie sich nichts vorzuwerfen hatten.

Ja, Sie hatten sich etwas vorzuwerfen, denn während Sie sich verschlissen in den Kampf gegen Ihre eigenen Triebe und nach außen hin die Würde der trauernden Witwe aufrechterhielten, entwickelten Sie sich in Ihrem Heim – ohne Ihren Willen, aber nicht ohne Ihr Wissen – zu einer kompletten Furie. Das eingeschüchterte Wesen, das damals Ihre Kinder lähmte, ist nie ganz von ihnen gewichen. Fremde wurden aufmerksam darauf und hielten Ihnen Ihr Benehmen vor.

Als Sie mir dann schrieben, jetzt wären Sie in eine Nervenklinik gegangen, mußte ich, so traurig es auch war, lächeln. Die Herren Nervenärzte können äußerst vollkommen sein, doch wäre es wahrscheinlich zu viel verlangt, wenn Sie den heimgegangenen Ehemann ersetzen sollten – jedenfalls gegen Bezahlung. Sie wurden ins Bett gesteckt und mit Schlafmitteln vollgepfropft. Einige

Wochen später wurden Sie als genesen entlassen. Ein wenig rundlicher, ein wenig matt nach dem Krankenlager. Sie stellten das Haus auf den Kopf, von einem wahren Scheuerteufel beherrscht. Sie machten meilenlange Spaziergänge, Sie widmeten sich der Bereitung der Speisen, und wenn der Tag mit rastlosen körperlichen Arbeiten zu Ende gerast war, schläferten Sie Ihr Gehirn durch Romanlesen ein.

Was half das alles? Damals, als Sie mir anvertrauten, daß Sie eine ganze Nacht auf der Straße herumgelaufen seien, weil Sie bange waren, sich und den Kindern ein Unglück anzutun, wußte ich, daß der Kampf jetzt zu Ende war. Eine Woche später hatten Sie sich in Ihr erstes Verhältnis gestürzt – einen Monat später wußte die ganze Stadt davon.

Das war genau ein Jahr nach dem Tode des Professors. In den sechs, sieben Jahren, die seitdem verflossen sind, haben Sie eine Reihe von Verhältnissen gehabt, die sich alle durch denselben ungeheuren Mangel an Diskretion ausgezeichnet haben.

Den Grund hierzu muß man in Ihrem Hang zum Selbstbetrug suchen. Sie wollen sich und andere zu dem Glauben zwingen, daß Sie beständig Liebe suchen. Während es ja etwas ganz anderes ist. Sie hegen die überlieferte Überzeugung, daß es eine tödliche Schande sein würde, falls Sie sich einen Liebhaber nehmen, um – nun ja, dazu, wozu ein Liebhaber gebraucht werden kann.

Sie hätten frank und frei durchs Leben gehen können, hätten Sie nicht versucht, sich selbst zu belügen und andere zu zwingen, an die Lüge zu glauben.

Es ist spät in der Nacht, und es ist außerdem hochheilige Weihnacht.

Ich will Sie nicht anklagen, ohne einen Beweis zu führen. Anbei sende ich Ihnen eine Reihe von Briefen, eine unvollkommene Reihe, da sie ja nur geschrieben wurden, wenn ich mich auf meinen jährlichen Badereisen befand. In diesen Briefen, die ich mühsam hervorgesucht habe, und die Ihnen vorzuenthalten ich keinen Grund habe, werden Sie sich selbst abgespiegelt sehen. Werden Sie nicht beschämt, der Selbstbetrug ist nicht Ihr Fehler, sondern der der Gesellschaft. Ich sende Ihnen die Briefe nicht, um Sie zu demütigen oder zu verletzen, aber lesen Sie, wie Sie einmal über das andere genau dieselbe Skala von Gefühlen mit demselben jämmerlichen Ausgang durchgemacht haben.

Eine vermögenslose Witwe zu Anfang der Vierziger – wir sind ja ungefähr gleich alt – und mit fünf Kindern hat so gut wie keine Chancen für eine Wiederverheiratung, mag sie noch so anziehend sein.

Das habe ich Ihnen oft genug gesagt.

Aber Ihre Eitelkeit als Frau weigerte sich, das festzustellen. In jedem neuen Geliebten sahen Sie den künftigen Ehemann – nicht, weil Sie ein sonderliches Bedürfnis zur Ehe fühlten, sondern weil Sie ungern aus dem Wettlauf mit der Jugend austreten wollten.

Sie haben, ohne die gewöhnlichsten Formen des Anstandes zu beachten, sich überall mit Ihren Liebhabern gezeigt, haben sie in Ihr Haus eingeführt, ihnen Ihren Kindern gegenüber eine pretentiöse Stellung eingeräumt, kurz, haben eine jede der Verbindungen, die vor allen Dingen hätten unbemerkt dahingleiten sollen, unterstrichen.

Und was für Männer waren es denn, die Sie auswählten?

Ich will nicht mit Ihnen ins Gericht gehen über Ihre Wahl der Liebhaber, aber ich begreife, daß man sich Ihretwegen der neuen Freunde schämte, die Sie sich anschafften.

Zu Anfang machte man gute Miene zum bösen Spiel, wohl in der stillen Hoffnung, daß sich das Verhältnis wirklich zu einer Ehe entwickeln könne, wodurch die pekuniären Verpflichtungen von selbst fortfallen würden. Die Wiederholungen ermüdeten und gaben Anlaß zu Ärgernissen.

Sie, Magna, waren beständig gleich blind, Sie wanderten getreulich immer wieder denselben Weg durch Flirt, Verliebtheit,

Vertraulichkeit, Anbetung, Unterwürfigkeit, Eifersucht, Mißtrauen, Schmerz, Haß, Verachtung.

Je geringer der Mann war, auf den Sie Ihre Augen warfen, je krampfhafter statteten Sie ihn mit festlichen Eigenschaften aus. Wenn sich der nächste zeigte, sahen Sie den vorigen in seiner wahren Gestalt.

Wenn nun hierdurch eine friedliche Entwicklung für Ihre Kinder erreicht wäre, würde ich unbedingt sagen: Liebe Magna, pfeifen Sie doch auf die Menschen und handeln Sie nach eigenem Gutdünken! Aber das Unglück ist ja, daß die Kinder hierunter leiden. Sie sind jetzt so groß, Wanda und Ingrid sind ja fast erwachsen, in ein paar Jahren sind sie heiratsfähig, wie lange können sie noch in Ungewißheit gehalten werden? Vielleicht wissen sie es schon. Da ist etwas in Wandas Blick, das darauf hindeutet, daß sie mehr sieht, als sie wünscht, daß wir anderen glauben sollen.

Ich meine, es wäre am besten für die Kinder, daß gewisse Dinge erst zu ihnen kommen, wenn sie alt genug sind, um sie ganz zu verstehen, aber die Schande ist geschehen und kann nicht wieder gutgemacht werden. Und doch, Magna, Sie und nur Sie allein sind Herr über den Frieden Ihrer Kinder, Sie sind Herr darüber, ohne zu dem Opfer greifen zu brauchen, das man von Ihnen fordert.

Die Kinder dürfen nicht in einer ungesunden Atmosphäre leben. Und die Atmosphäre, die ihre liebe Mutter umgibt, ist leider alles andere als gesund.

Wären Sie außer einem starken Temperament auch ein starker Mensch, so würden Sie die Konsequenzen ganz auf sich nehmen. Aber das sind Sie nicht. Sie wollen nicht so hart arbeiten, wie es notwendig sein würde, wenn Sie in ein anderes Land gingen, um sich eine neue Heimat zu schaffen, und Sie können die Kinder nicht aufgeben. Täten Sie das, so entwürdigten Sie sich in Ihren eigenen Augen.

Sie können in den ersten fünf, sechs Jahren, vielleicht auch noch länger, nicht ohne einen Liebhaber leben – das Sie nun einmal keinen Mann bekommen können. Also müssen Sie sich auf eine solche Weise einrichten, daß die Dinge so unbeachtet wie möglich vor sich gehen.

Klug berechnete Vorsicht, das einzige, was Ihnen fern liegt, wird zur Notwendigkeit. Haben Sie Ihre Liebhaber, aber halten Sie sie Ihrem Hause fern.

Was haben die mit Ihren Kindern und Ihren Freunden zu schaffen?

Im selben Augenblick, wo Sie dem Liebhaber (der Mannesperson) den Platz anweisen, der ihm zukommt, werden Sie festen Grund unter Ihren Füßen fühlen. Könnten Sie sich selbst die Überzeugung beibringen, daß ein Dutzend Männer Sie nicht in ein halb Dutzend Jahren für alle Ewigkeit lieben, so wäre viel gewonnen. Eine Frau von Ihrer Art kann Dutzende von Liebhabern bekommen. Für die solideren Verhältnisse, die in dauernder Freundschaft enden, ist Ihr Temperament zu gewaltsam.

Wenn Sie nun wieder und wieder von Männern verlassen werden, ehe Sie selbst es wünschen, so geschieht das ausschließlich, weil Sie ein falsches Rechenexempel aufstellen.

Ich kenne eine Dame, die ungefähr unter denselben Verhältnissen lebt wie Sie. Auch sie hat eine ziemlich große Kinderschar und einen unersättlichen Appetit auf Männer. Alle Welt weiß, daß Ihre Liebhaber zahlreich sind und flüchtig wie die Wolken. Aber alle senken den Degen vor ihr.

Und sie ist der Achtung wert. Bemeldete Dame lebt in ihrem Hause als die vollkommenste Mutter, ist ein wahres Muster von Häuslichkeit und zärtlichem Verständnis für die Bedürfnisse ihrer Kinder. Kein Mann überschreitet ihre Schwelle, sondern nur die beiden Freundinnen sowie der Hausarzt.

Liebe Magna, Sie sehen, ich habe Ihnen die halbe Christnacht geopfert, dies würde ich wohl kaum tun, wenn ich nicht ganz besondere Sympathie für Sie empfände. Wenn ich nun mit etwas schließe, was Sie augenblicklich verletzen kann, so müssen Sie wissen, daß das nur in guter Absicht geschieht.

Ich bin so wohl mit Geld versorgt, daß ich Ihnen jederzeit mit einem zinsenfreien Darlehen auf ungewisse Zeit zur Verfügung stehe. Benutzen Sie es, indem Sie ein paar Jahre dazu verwenden, irgend etwas zu lernen, wodurch Sie sich später eine Existenz sichern können. Schütteln Sie die Unterstützung und – die Einmischung Ihrer Familie ab. Denken Sie hierüber nach! –

Ich lebe hier so ganz für mich, daß ich genügend Zeit habe, über mein Schicksal und das anderer nachzugrübeln. Schreiben Sie mir, so oft Sie Lust und Bedürfnis dazu haben. Ich werde Ihnen nach Kräften antworten.

Wenn ich einsilbig in bezug auf meine eigenen Angelegenheiten bin, so hat das seine Ursache in einer gewissen Eigentümlichkeit, die ich nicht zu überwinden vermag.

Der Sicherheit halber habe ich den Brief noch einmal durchgelesen, er drückt nicht ganz das aus, was ich meine. Aber in der Hauptsache bereue ich nichts davon. Nur müssen Sie verstehen, daß er kein Urteil über Sie enthält, nur einen Versuch zur Klarstellung. Tausend gute Gedanken.

Ihre Elfie Lindtner

4

Es schneit, es fährt fort zu schneien.

Die Bäume sind schon ganz in Watte eingepackt wie Schmucksachen, bald geht wohl der Fahrweg über sie hinweg. Die Schneeflocken sind größer als Maßliebchen. Wenn ich ausgehe, überfallen sie mich wie Tausende von ausgelassenen Schmetterlingen. Aber die, die ins Wasser fallen, verschwinden wie Sternschnuppen, nicht eine davon bleibt übrig.

Das Dach über meiner Schlafstube ist schwer wie ein Sargdekkel, aber ich schlafe bei offenen Türen – ein Windhauch, und ich habe die ganzen Augen voll Schnee. Heute morgen, als ich erwachte, war mein Kopfkissen naß, als hätte ich geweint.

Torp phantasiert davon, daß wir einschneien, und daß uns Lebensmittel durch den Schornstein herabgelassen werden müssen. Sie schmückt sich für diesen Fall. Ihre Haare riechen, als wenn sie Geflügel gesengt hätte, und sie illuminiert den Keller mit kleinen Lampen mit roten Schirmen und Perlenfransen.

Auch Jeanne ist ganz bezaubert. Sie gleicht einem wahren Feuerbrand, wie sie da draußen umhergeht ohne Hut. Sie spricht nicht, sie flüstert nur und tritt noch leiser als sonst auf, als sei sie bange, jemanden zu wecken, der da liegt und schläft.

Ich entsinne mich noch, wie wir einmal von Griechenland sprachen und Malthe mir ein Schneewetter oben in Delphi beschrieb. Nein, ich entsinne mich dessen nicht, ich hörte nicht zu, ich dachte nur daran, ob der Schnee wohl schmelzen würde, wenn er auf seinen Kopf fiele.

Er hat meine Bitte, zu schweigen, erfüllt. Außer dem einen Brief nicht eine Zeile.

Das ist wohl das Beste, und ich habe es ja selbst so gewollt. Und doch …

Ich habe seinen Brief verbrannt.

Ich habe seinen Brief verbrannt. Die Asche ist alles, was mir geblieben ist.

Es quält mich, die Asche anzusehen, ich kann mich nicht überwinden, sie hinauszuwerfen.

Die Asche ist nicht mehr. Aber ich bin unruhig. Es war doch schwerer, als ich glaubte.

Gut, daß ich den Brief verbrannt habe. Jetzt erst bin ich frei. Meine Anfechtungen haben ganz natürliche Ursachen. Es hilft, wenn ich während dieser Tage liege. Jeanne ist eine ganz vorzügliche Pflegerin. Sie pflegt mich, als ob ich krank wäre, und so gefällt es mir.

Das Nirwana des Alters nimmt seinen Anfang. Gleich am Morgen, wenn Jeanne mein Haar aufsteckt, fängt das kribbelnde Wohlbehagen an, das den ganzen Tag hindurch währt. Ich kleide mich nicht mehr um, ich trage keine Schmucksachen, mein Spiegel hat sein Interesse verloren.

Oft ist es mir, als blieben die Gedanken stehen wie eine Uhr, die man vergessen hat aufzuziehen.

Aber die Leere erquickt mich nur.

Es sind Wochen her, seit ich in meinem Tagebuch geschrieben habe. Mehrmals habe ich es gewollt, aber wenn ich das Buch hervorholte, merkte ich, daß nichts zu schreiben war.

In der Dämmerung sitze ich wie ein altes Kind am Feuer und plaudere mit mir selbst. Kommt Torp, um nach etwas zu fragen, was sie doch selbst bestimmt, halte ich sie zurück und lasse mir von ihren eigenen Verhältnissen erzählen. Neulich kam sie auf Spukgeschichten, und sie war so damit geladen und erzählte mit einer solchen Überzeugung, daß ihr vor Angst die Zähne klapperten. Glückliches Geschöpf, das Einbildungskraft besitzt!

Es gibt Tage, wo ich mich nicht vom Fleck rühre und mich nur schwer entschließen kann, vom Tisch aufzustehen, an anderen Tagen muß ich unaufhörlich gehen und gehen. Der Wald ist still, frei von Menschen. Begegne ich wirklich jemanden, so sehen wir einander an wie zwei Tiere, die nicht wissen, ob sie fliehen oder kämpfen sollen.

Der Wald ist mein.

Das Klavier ist geschlossen, ich habe keine Verwendung dafür. Das Sausen in den blätterlosen Bäumen ist mir Musik genug. Ich kann aus meinem Bett aufstehen und lauschen, bis ich fast steif gefroren bin – ich, die ich niemals beim Spiel von Virtuosen in Stimmung kommen konnte.

Auch nicht einen Wunsch habe ich. Vergangenheit und Zukunft ruhen in demselben weichen, linden Nebel. Ich bin zufrieden, so zu leben, wie ich lebe.

Aber die geringste Kleinigkeit hier im Hause reißt mich aus meinem Schlummer. Torp hatte gestern einen Mann hier, um den Schornstein zu reinigen. Als ich ihn in der Stube sah, mußte ich schreien. Ich konnte es nicht in mein Gehirn hineinbringen, was der Mann hier sollte.

Ein anderes Mal war eine zugelaufene Katze unter den Tisch geraten. Ich wußte es nicht, aber gleich, als ich mich setzte, war es, als würde ich mit Elektrizität geladen, und ich mußte nach Jeanne schellen. Als sie kam, sprang die Katze hervor, und ich bekam einen Anfall von panischem Schrecken.

Jeanne trug die Katze hinaus, aber noch lange nachher durchzitterte es mich, wenn ich sie ansah.

Woher kommt nur der Abscheu vor Katzen? Viele Menschen halten sie als Lieblingstiere. Lieber wollte ich eine Boa Konstriktor als Spielkamerad haben.

Ein gekränkter Mann nahm sich einmal vor, mir die nackte Wahrheit zu sagen. Er tat mir die Ehre an, weil ich seine Kurmacherei nicht genügend schätzte.

Ich wäre weder klug noch begabt, sagte er, ich besäße nur eine gewisse Fähigkeit, mich nicht bloßzustellen, und dann verstünde ich die Kunst, zur rechten Zeit ein Stichwort zu geben.

Er hat gut getroffen. Wieviel Zeit und Kräfte habe ich nicht geopfert, um die Mittelpunktstellung zu behaupten, der ich eigentlich gar nicht gewachsen war.

Meine Eitelkeit erforderte, daß man mich nicht nur um meines Äußeren willen anbetete. Und so saß ich denn zwischen den klügsten Männern da und ließ mich klug nennen. Das waren des «Kaisers neue Kleider».

Wir sprachen von Politik und Nationalökonomie, von Kunst und Literatur, von Kursen und fremden Religionen – nichts wußte ich, mein aufmerksames Lauschen ließ mich alle Klippen umschiffen. Ich stand in dem Ruf, geistreich zu sein.

In den englischen Romanen, deren Süßlichkeit mich oft an kranke Kartoffeln erinnert, gestattet sich die Heldin zuweilen den Luxus, blind, pockennarbig oder an den Beinen gelähmt zu werden. Der Held liebt sie nur um so mehr. Wie falsch das ist!

Welch eine Veränderung hätte in meinem Dasein stattgefunden, wenn ich vor zehn Jahren meine langen Augenwimpern verloren hätte, wenn meine Finger krumm, wenn meine Nase rot geworden wäre ...

Eine rote Nase ist das Schlimmste, was einer schönen Frau zustoßen kann. Ich habe eine Ahnung, daß Adelheid Svanström aus diesem Grunde Gift nahm. Die Ärmste, sie nahm nicht genug.

Januar.

Meine Sinne fangen an zu erwachen. Licht und Laute geben neue Eindrücke, das, was ich sehe, spüre ich mit Nerven, von denen ich bisher keine Ahnung hatte.

Wenn der Abend kommt, starre ich in die Dämmerung hinaus, bis es mir vor den Augen flimmert, und ich träume wie ein Kind...

Gestern abend ging ich auf den Balkon hinaus, um, wie ich zu tun pflege, einen letzten Blick auf die See zu werfen. Da fielen meine Augen auf den Sternenhimmel. Er erschloß sich mir, er gab sich mir. Ich hatte ihn nie zuvor gesehen – ich, die ich mit dem Sternenhimmel über meinem Kopf geschlafen habe!

Jeder Stern wurde zu einem Tautropfen, nur geschaffen, um meinen Durst zu stillen. Ich trank den Himmel ein wie eine Pflanze, die nahe daran ist, aus Mangel an Feuchtigkeit zu vergehen. Und während ich trank, spürte ich etwas, worüber ich keine Rechenschaft abzulegen vermag. Es war. als ob ich zum ersten Male fühlte, daß auch ich eine Seele besitze. Ich legte meinen Kopf zurück und sah und sah. Die Nacht erschloß sich mir in all ihrer Herrlichkeit, und ich weinte.

Was macht es, ob ich alt werde, was macht es, ob mein Leben verfehlt ist – jede Nacht kann ich mein Antlitz den Sternen zuwenden und mich von ihrem kalten, ewigen Frieden einlullen lassen.

Ich, die ich nie ein Gedicht habe lesen können, ohne in Gedanken den zu verspotten, der es geschrieben hat! Ich, die ich niemals an die Wahrheit der Worte eines Dichters geglaubt habe, wenn er die Natur pries, ich erblicke sie jetzt als das größte, als das einzig Anbetungswürdige.

Ich entbehre Margarethe Ernst. Am meisten den amüsanten Anblick, den sie gewährte. Wie sie sich zwischen den Menschen hindurchschlängelt, immer bereit mit der Zunge zu spielen, immer den Stachel bereit. Und doch ist sie nicht boshaft trotz ihres hinterlistigen Lächelns. Jede Bewegung bei ihr trägt ein Sondergepräge – ist berechnet.

Wie wir beide uns miteinander amüsierten! Wir sprachen so aufrichtig wahr über alle anderen und logen so allerliebst und graziös über uns selbst. Übrigens finde ich, daß sie treu in ihrer Freundschaft ist, und ihre Briefe sind von allen am besten geschrieben.

An ihr möchte ich gerne herumzupfen, aber sie war die einzige, die sich stets zu decken wußte. Immer hatte ich ein Gefühl, daß sie unter ihren dünnen Kleidern einen Schuppenpanzer trüge, den nicht einmal ihr gewiß sehr glühender Anbeter durchdringen durfte.

Sie gehört zu den Frauen, die alle Spuren hinter sich auslöschen, ohne scheinbar Vorsicht zu zeigen.

Ich habe sie zwei-, drei-, viermal an einem Abend ihr Wesen wechseln sehen, je nach den Menschen, mit denen sie sprach. Sie strich sich an ihnen entlang, gleichsam um ihre Atmosphäre einzuatmen, und sogleich war sie in Kontakt.

Sie ist berechnend, aber nicht um ihres eigenen Vorteils willen, nur so, wie der geborene Mathematiker, der sich am liebsten auf die schwersten Aufgaben einläßt.

Ich möchte sie wohl eine Woche hier haben.

Auch sie fürchtet sich vor den Übergangsjahren. Aber ihr Versuch, sich daran vorbeizumogeln, wird ihr nicht gelingen. Jetzt kleidet sie sich à la Hoftrauer und trägt kleine, Ehrfurcht einflößende Hüte zu ihrem schmalen, spanischen Kopf, – um dann eines schönen Tages, wenn sie Ende der Vierziger ist, zu den Farben des Laubes und zu den Straußenfedern zurückzukehren. Sie hofft noch auf einen neuen Lenz! Wenn ich sie hierher kommen ließe?

Sie würde kommen, natürlich würde sie kommen mit dem ersten Zug und mit witternden Nasenlöchern, und alle ihre Koffer würden hinter ihr drein kommen. Nein, das würde die elendste Bankerotterklärung sein.

Ich bin in diesen Tagen zu einem Resultat gelangt, über das ich mich selbst wundere. Ich weiß jetzt, daß selbst, wenn die Jahre auch nicht zwischen uns stünden, ich doch nicht seine Frau werden könnte.

Ich könnte Dummheiten begehen – ja Gemeinheiten, für den Mann, den einzigen, den mein Herz geliebt hat. Ich könnte mich als seine Liebhaberin erniedrigen, wie es nur eine Frau kann. Ich könnte mit ihm sterben. Aber ein Heim mit Jörgen Malthe gründen – niemals.

Das ist ja das Schreckliche, daß jedes Stück Möbel im Hause ein Glied in einer Kette wird, das bindet, selbst, wenn die Liebe längst verschlissen ist, selbst wenn sie niemals existiert hat. Zwei Menschen, die verschieden sind, wie es zwei Menschen immer sind, zwingen sich, denselben Blick und denselben Geschmack zu haben. Das Heim ist das Ergebnis ihre unaufhörlichen Streites. Ein Streit, der oft stumm, aber deswegen nicht weniger bitter ist.

Wenn ich an die Dutzende und aber Dutzende von Malen denke, wo Richard und ich einander nachgaben mit einer Rücksicht, die schließlich ärger war als das heftigste Gezänke …

Wie ich seinen Geschmack verachtete, und wie er – ohne es mit einem Wort zu verraten – auf den meinen herabsah.

Sein Heim war nicht das meine, obwohl wir als zwei ideale Ehegatten beständig einig in bezug auf alles waren. In bezug auf meinen Leib – auf sein Geld. Das ist die rohe Wahrheit.

Wie man die Personen in einem lebenden Bild arrangiert, so bereitete ich mein «lebendes Grab» in diesem Hause vor. Malthe hat gebaut, ohne zu wissen, für wen. Und hier entstand das Gefühl, das Freude am Besitz heißt. Ich kannte es bisher nur in bezug auf Schmucksachen.

Das Haus ward für mich ein Heim. Mein erstes, mein einziges. Alles hier ist mir lieb, weil es mir gehört.

Ich liebe die Würmer in der Erde, weil sie meinem Garten gut tun. Ich betrachte die Vögel in den Bäumen und um das Haus herum als mein persönliches Eigentum, ich möchte mir eine Mauer wünschen, die den Himmel und die Wolken umgibt, die mir von Rechts wegen zukommen.

In Richards Hause war ich nie heimisch, und doch war es mir, als würden meine Nerven durchgerissen, als ich es verließ.

Jörgen Malthe ist der Mann, den ich liebe, darüber hinaus ist er mir fremd. Wir denken nicht gleich, wir fühlen nicht gleich. Er hat seine Welt, und ich habe die meine. Wie ein Vampyr würde ich ihn aussaugen, seine Arbeit würde, ehe ein Monat vergangen wäre, mir verhaßt sein. Wir sind alle, wenn wir lieben, wie Magna Wellmann.

Mir schaudert bei dem Gedanken an die großen, häßlichen Stuben, an die Borte aus Föhrenholz mit den staubigen Büchern und an den Koffer mit einer Reisedecke darüber, an die schmutzigen Gardinen und den kahlen Fußboden.

Wer weiß, ob nicht das Gefühl der Armut und des Unbehagens, das mich an jenem Tage ergriffen, der Hauptgrund dazu war, daß ich den Sprung niemals gewagt habe!

Auf und nieder im Zimmer ging er, redete bis ins Unendliche über Brunelleschis Kuppel. Er formte sie in der Luft mit seinen Händen, und ich fühlte in Gedanken, wie die Hände meinen Kopf umschlossen. In jedem Tonfall verriet er seine Liebe, sprach aber von der Kuppel, die mir so gleichgültig war wie die Tintenklexe auf seinem Tisch.

So verwirrt wurde er, als ich meiner Bewunderung darüber Ausdruck verlieh, daß er sich mit dieser Wohnung begnügen könne: – Hier ist ja Sonne! sagte er und errötete.

Ich bin fest überzeugt, daß er manch liebes Mal dagestanden und aus dem roten Gold des Sonnenunterganges und aus den Steinen der mächtigen Marmorbrüche der Wolken Bauten aufgeführt hat.

Du großes Kind, wie ich dich liebe!

Aber ein Heim mit dir gründen, niemals. Niemals!

Heute ist mein Geburtstag. Hier im Hause weiß es niemand. Wer feiert auch wohl seinen dreiundvierzigsten Geburtstag? Höchstens Lili Rothe!

Ich fragte einmal einen Frauenarzt: – Wann hört man auf «Weib» zu sein? Er sah mich sehr ernsthaft an und sagte: – Sie, gnädige Frau, werden sicher damit fertig sein, wenn sie Ende der Vierziger sind. Im übrigen gibt es keine absolute Grenze. Ich habe Beispiele gesehen, daß Frauen hoch in den Sechzigern Krisen durchgemacht haben, von denen man glauben sollte, daß sie nur der Jugend zukämen.

Darauf kam unser Gespräch auf die Tausende von Frauen, die die ärztliche Wissenschaft vom Tode errettet, ihnen hinterher aber ein trauriges Halbleben bereitet. Die Frauen, die jahrelang mit körperlichen Leiden umhergehen, von einer Schwermut gedrückt, die scheinbar ohne Grund ist. Schließlich fragen sie einen Arzt, gehen in eine Klinik und nehmen nach überstandener Operation das Dasein wieder auf, als seien sie gesund, als sei nichts geschehen. Ihre Umgebung behandelt sie wie früher. Alle Ansprüche des täglichen Lebens – auch des Zusammenlebens – werden an sie gestellt, und die Ärmsten, die oft kaum wissen, was mit ihnen vorgenommen wird, sind verzweifelt darüber, keine Freude am Dasein empfinden zu können.

Ich gestatte mir, zu sagen, daß es in vielen Fällen sicher besser gewesen wäre, wenn sie nie aus der Narkose erwacht wären. Der Arzt tadelte mich und meinte, ich gehöre vielleicht auch zu denen, die der Ansicht sind, daß man Krüppel bei der Geburt töten solle, um sie von der Qual des Lebens zu befreien.

Ich sehe nicht ein, was die beiden Dinge miteinander gemein haben, aber ich unterdrückte mein Verlangen, ihm den Mund mit einem Zitat zu schließen, daß sich seither förmlich in meine Erinnerung festgebrannt hat.

Wie deutlich entsinne ich mich nicht Mathilde Bremers vor und nach der Operation. Sie fürchtete sich nicht zu sterben, weil sie wußte, daß der Mann sie liebte. Aber sie fuhr fort, zu dem Arzt zu sagen: Sie müssen mich töten oder mich gesund machen, als armes, elendes Wesen weiterleben will ich nicht, weder um meinet- noch seinetwegen!

Und sie wurde «gesund». Zwei Jahre später löste sie ihre Ehe auf, sehr gegen den Willen des Mannes übrigens, aber sicher zum Besten für alle Teile.

Zu mir sagte sie: – Keine Folterqual kann damit verglichen werden, wenn man einen Mann liebt und sich wiedergeliebt weiß – ihm alles sein und beständig ihn festhalten zu wollen und es nicht zu können, weil der Körper nicht mehr ausreicht!

Das Leben, das sie jetzt in ihrer Einsamkeit als geschiedene Frau führt, ist nicht beneidenswert, doch räumt sie ein, daß sie sich jetzt tausendmal wohler fühlt als früher.

Man sollte glauben, ich wäre im Begriff mich als Vertreterin der Frauensache auszubilden! Daß ich mich noch mit anderen beschäftigen mag! Als ob ich nicht genug an meinen eigenen Angelegenheiten hätte.

Der Himmel sei in alle Ewigkeit gepriesen, daß er mich nicht mit Söhnen belastet hat, oder daß ich mich nicht mit inneren Leiden quälen muß.

Herrjemine, wie lang der Tag einem doch werden kann! Jeder Tag hat hier mindestens achtundvierzig Stunden.

Ich fühle förmlich, wie die Sekunden langsam herabsickern. Sie legen sich auf meinen Kopf wie der Staub auf die blanke Tischplatte. Mein Haar fängt so allmählich an zu ergrauen.

Kein Wunder übrigens, ich vernachlässige es. Wozu sollte ich auch fortfahren, es mit den Flüssigkeiten zu tränken, die es künstlich jung erhalten. Mag es ergrauen!

Torp hat entdeckt, daß ich jetzt weit mehr Freude an gutem Essen habe als in der ersten Zeit. Meine Kleider werden zu eng, ich entbehre meine Masseuse.

Heute habe ich meinen Leinenschrank mit einer Sorgfalt durchgesehen, als sei ich Kastellanin in einem adeligen Fräuleinkloster. Ich freue mich an dem Anblick der weißen Stapel, und ich habe alles nachgezählt. Mit meinem Goldvorrat bin ich geizig, aber sonst kann ich nicht genügend ins Haus bekommen. Je mehr Flaschen, Dosen, Beutel in der Vorratskammmer stehen, um so besser. Auf diesem Gebiete begegnen Torp und ich uns in gemeinsamem Verständnis. Würden wir durch eine Sturmflut oder ein Erdbeben von der Außenwelt abgeschlossen, so könnten wir es eine lange Zeit aushalten.

Wäre ich sensibler und hätte ich ein wenig Phantasie, nur soviel wie Torp, die Verse mit Hilfe der Gesangbuchmetrik macht, dann glaube ich, ich würde anfangen zu schreiben. Man watet ja förmlich in Stoffen wie in welkem Laub im Herbst.

Sehr geschickt, und ohne meine Modelle in Verlegenheit zu bringen, würde ich eine Reihe überkalkter Gräber aufdecken unter dem gemeinsamen Titel: «Die Frau in dem gefährlichen Alter». Aber außer der Phantasie fehlt es mir auch wohl an der Geduld, die sich hartnäckig und lange zurzeit mit den Angelegenheiten anderer beschäftigt.

Wir segeln unter falscher Flagge, die meisten von uns. Aber es ist notwendig, und das ist auch wohl die Absicht. Sollten wir umhergehen und durchsichtig sein wie Glas, warum werden wir da mit unsichtbaren Gedanken geboren.

Und zeigten wir uns in unserer wahren Gestalt, würden wir sicher Einsiedler, eine jede auf ihrem Berggipfel oder – Mörderinnen unten im Tal.

Torp ist zum «Vespergottesdienst» gegangen, der Engel, der sie ist. Sie hat eine Laterne mitgenommen, also werden wir sie wohl erst um Mitternacht wiedersehen. Aus Rücksicht auf ihren Vespergottesdienst bekamen wir unser Mittagessen schon zur Frühstückszeit. Ja, Torp versteht es, sich das Leben einzurichten!

Natürlich geht sie ebensowenig in die Kirche wie ich. Es handelt sich wohl nur um einen von den Seeleuten, die hier für den

Winter «aufgelegt» haben. Friede sei mit ihr, aber ich langweile mich.

Ich habe ein bitteres Gefühl, als säßen Jeanne und ich jede in ihrem Stockwerk in einer dunklen Ecke, um uns zu schämen. Die Sonntage meiner Kindheit waren nicht schlimmer.

Die schwachen, gesprungenen Glockenklänge läuten den Tag aus und verurteilen ihn. Jeanne und ich leiden beide darunter. Ich habe wohl zwanzig Dinge versucht und alle aufgegeben.

Wäre es doch wenigstens Sommer. Ich habe ein erstickendes Gefühl, als säße ich in einer Jasminlaube – aber wir sind doch mitten im Winter, und meine Haut hat seit Monaten kein Parfüm gekannt. Am alten Markt war der Sonntag nicht besser. Dort hatte ich Richard vom frühen Morgen an. Es ist schlimm, sich allein zu langweilen … aber schlimmer, wenn man zu zweien ist. Daß Richard es doch niemals gemerkt hat! Er kam mir vor wie eine mahlende Mühle, wenn er sprach, und mir stäubte das Mehl in die Augen …

Ich will einen schnellen Spaziergang machen …

Was habe ich nur einmal! Ich bin so nervös, daß ich kaum die Feder zu halten vermag. Niemals habe ich den Nebel mit einer solchen Plötzlichkeit fallen sehen. Ich glaubte kaum, daß ich den Weg zurückfinden würde. Er ist jetzt so dicht, daß ich nicht die nächsten Bäume sehen kann. Er drängt sich in das Haus hinein. Er hängt von der Decke herab. Meine Kleider sind naßkalt, selbst die innersten.

Das Feuer ist ausgegangen, mich friert, es ist meine eigene Schuld, ich hätte ja nach Jeanne schellen oder selbst Brennholz auflegen könne, aber ich kann mich zu nichts entschließen.

Was soll das auch von Torp, daß sie den halben Tag fortbleibt. Und wie soll sie nur einmal wieder nach Hause finden. Nicht mit zwanzig Laternen kann sie zehn Ellen weit sehen. Die Lampe hier brennt, als sei Wasser in das Öl gegossen.

Oben geht Jeanne auf und nieder, ich höre es, obwohl sie leise geht. Auch sie ist unruhig, wir beeinflussen einander. Es ist nicht das erstemal, daß ich es merke.

Wenn sie nur von selbst herunterkommen wollte, damit wir zu zweien wären!

Weiß Gott, ich empfinde dieselbe Kälte im Rücken wie an jenem Abend, als mich Stine auf den Kirchhof hinauslockte und ich glaubte, daß ich all die Toten aus den Gräbern auferstehen sähe. Da war auch so ein Nebel. Ist es nicht sonderbar, daß man so weit zurückdenken kann und so scharf?

Die Bäume rühren sich nicht, es ist, als lauschten auch sie nach etwas. Wonach? Hier ist ja niemand. Niemand weiter als ich und dann Jeanne.

Ein anderes Mal erlaube ich ihr nicht wieder, zu gehen. Will sie absolut in die Kirche, dann kann sie am Vormittag gehen.

Es ist doch eine unheimliche Sache, so allein hier mitten im Walde zu wohnen, ohne auch nur einen Hund oder einen Mann in der Nähe zu haben. Passierte irgend etwas, so wäre man preisgegeben.

Wie zum Beispiel die betrunkenen Matrosen, die neulich an dem Torweg rüttelten. – Obwohl ich damals nicht im geringsten bange war, da flößte ich Torp Mut ein.

Mir ahnt, daß Jeanne in Todesangst da oben sitzt. Herr Gott, weswegen nur? Ich sitze hier, die Feder in der Hand, und wage nicht, sie hinzulegen, sie liegt in meiner Hand wie eine Waffe. Könnte ich mich doch entschließen, zu schellen …

So, so so. – Meine Hand zittert wie Espenlaub, aber sie darf es nicht sehen. Ich will tun, als sei nichts vorgefallen. Das arme Mädchen! Sie kam herabgestürzt und zu mir herein, ohne anzuklopfen, leichenblaß und mit starren Augen. Sie klammerte sich an mich wie ein Kind, das einen schlechten Traum gehabt hat. Was fehlt ihr nur? Was fehlt mir nur. Wir sind beide gleich eingeschüchtert, der Nebel hat uns mit Wahnsinn geschlagen.

Ich habe alle Lichter angezündet, sie flackern krampfhaft wie Jeannes Blick.

Der Nebel wird dichter. Jeanne sitzt auf dem Sofa, die Hand unter dem Herzen, es ist mir, als könne ich es schlagen hören.

Ich habe ein Gefühl, als wenn irgend jemand stürbe, hier in meiner Nähe, hier in meiner Stube.

Jörgen, bist du es? Antworte, bist du es?

Ach, ich bin verrückt. Ich bin ja nicht abergläubisch, nur bange.

Alle Türen sind verschlossen, alle Fensterkrampen sind übergehakt. Es ist ganz still. Ich höre auch nicht einen Laut da draußen.

Die Stille jagt uns Angst ein. Ja, das ist es …

Jetzt schläft sie. Ich kann sie kaum vor dem Nebel sehen. Sie sitzt da wie ein Schatten, wie eine Geisterzeichnung, der Nebel liegt auf ihrem Haar wie Rauch über dem Feuer.

Nichts weiß ich von ihr. Sie ist stumm in bezug auf ihre Angelegenheiten, wie ich mit den meinen. Doch ist es, als hätte ich in dieser Stunde durch ihre grenzenlose Angst auf den Grund ihrer Seele hinabgesehen. Ich verstehe sie, weil wir beide Frauen sind. Es ist die Unruhe des Blutes. Die ewig qualvolle Unruhe des Blutes. Das Blut fordert sein Recht.

Sie ist bis in ihr Innerstes eingeschüchtert, irgend jemand hat ihr ein Leid zugefügt, und sie kann nicht wieder in Frieden leben.

Ich und sie haben das gemeinsam, was man sonst nur zwischen Blutsverwandten findet. Wir sollten nicht unter einem Dache zusammen wohnen …

Der Nebel fängt an, sich zu lichten, die Lichter brennen klarer. Ich sehe die Träume unter ihrer Stirn dahinziehen, der Mund steht offen wie bei einer Toten. Jeden Augenblick fährt sie auf, aber wenn sie mich sieht, lächelt sie und schläft wieder ein. Guter Gott, wie erschöpft sie von ihrer Angst ist.

Aber da ist jemand … da ist jemand … draußen zwischen den Bäumen … Da geht jemand …

Torp, weiter niemand als Torp mit ihrer Laterne, und die Näherin aus dem Dorf. Im selben Augenblick, als sie die Kellertür öffnete und ich ihre Stimme hörte, war ich wieder ich selbst.

Wir haben wie die Wölfe gegessen, zum erstenmal hat Jeanne mit an meinem Tisch gesessen und mit mir gegessen – zum ersten und auch wohl zum letzten Mal. Torp machte Augen wie Teetassen, aber sie hütete sich, in Worte auszubrechen.

So viel habe ich aus dem Wahnsinn dieses Abends gelernt, daß ich mir so bald wie möglich ein männliches Wesen zu unserem Schutz anschaffe.

Jeanne hat sich mir anvertraut, sie war zu aufgeregt, um zu schlafen. Sie klopfte bei mir an und bat, ob sie nicht hineinkommen dürfe. Ich war zu Bett gegangen, ließ sie aber kommen. Sie saß an meinem Bett und erzählte mir ihre Geschichte.

Die ist höchst sonderbar, so sonderbar, daß ich Lust empfinde, sie niederzuschreiben.

Jetzt begreife ich ihre schönen Hände, ihr ganzes Wesen, jetzt verstehe ich auch, warum sie eines Tages dastand und in Anatole France blätterte, als wenn sie Französisch lese.

Sie war nach einer zwölfjährigen Ehe geboren, als sie dreizehn Jahre alt war, feierten ihre Eltern silberne Hochzeit. Bis dahin hatte sie in dem Glauben gelebt, daß alles gut und glücklich zwischen ihnen sei. Der Vater war Apotheker in einer kleinen Stadt, und sie machten ein großes Haus.

Die silberne Hochzeit wurde in ihrem Hause gefeiert. Bei Tische wurde sie unwohl von dem Wein und mußte hinausgehen. Der Mutter flüsterte sie zu, sie ginge in ihr eigenes Zimmer. Aber auf dem Wege dahin fühlte sie sich so schwindelig, daß sie irre ging und in eins der Fremdenzimmer hineinschlüpfte, wo der Vetter der Mutter, ein Rittmeister, aus der benachbarten Stadt wohnte. Sie war zu müde, um wieder hinauszugehen, und legte sich deswegen in der Dunkelheit auf ein Sofa. Nach einer Weile erwachte sie und hörte die Tanzmusik von unten heraufschallen, empfand aber keine Lust, hinunter zu gehen. Sie schlief wieder ein, und als sie zum zweiten Male erwachte, hörte sie Flüstern in ihrer Nähe. Im ersten Augenblick schämte sie sich nur, daß sie Gäste hier finden sollten, und atmete ganz leise, um nicht bemerkt zu werden. Dann unterschied sie die Stimme ihrer Mutter. Nach einer Weile begriff sie.

Ihre Mutter, ihre vergötterte Mutter und der Offizier, den sie mit ihrem Kinderherzen bewunderte!

Dann zündeten sie Lichter an. Sie zwang sich zu tun, als schlafe sie fest. Sie hörte den entsetzten Ausruf der Mutter: – Jeanne! Und des Rittmeisters: – Gott sei Dank, sie schläft wie ein Stein!

Die Mutter ordnete ihr Haar, und sie verschwanden.

Nach einer Weile kam die Mutter zurück mit einer Lampe in der Hand und rief: Jeanne, Kind, wo bist du nur? Wir gehen überall umher und suchen dich!

Die vorgespiegelte Überraschung der Mutter, sie hier zu finden, machte das Ganze dem Kinde noch entsetzlicher. Aber mit dem letzten Rest krampfhafter Seelenstärke murmelte sie: – Ich bin so müde, laß mich doch schlafen!

Die Mutter beugte sich über sie und küßte sie wieder und wieder. Aber dem Kinde war es, als müsse es unter den Küssen sterben.

Diese eine Stunde traurigen Wissens hatte die Lebensfreude in ihr erstickt, mehr als das, hatte sie mit unreinen Gedanken erfüllt, die sie Tag und Nacht verfolgten.

Sie reifte vor der Zeit und reifte zu ihrer eigenen verzweifelten Angst.

Niemanden hatte sie, dem sie sich hätte anvertrauen können, allein trug sie die Last von zwei Geheimnissen, das jedes an und für sich genügen würde, um sie herabzudrücken.

Sie konnte dem Blick der Mutter nicht begegnen und wich dem Vater aus, als ob er ihr ein Unrecht angetan habe. Sie sehnte sich nur danach, aus dem Hause zu kommen, alles in ihr war besudelt.

Zwei Jahre darauf starb die Mutter, und Jeanne war nicht zu bewegen, ihr das geringste Zeichen von Zärtlichkeit zu erweisen. Der klagende Blick der Mutter verfolgte sie, doch tat sie, als merke sie es nicht. Einen Augenblick, wo der Vater hinausgegangen war, rief die Mutter sie zu sich, Jeanne kam, die Mutter sah sie an: – Du weißt es! Jeanne neigte den Kopf als Antwort.

Vergib mir Kind, ehe ich sterbe. Aber sie entfernte sich von der Mutter, ohne sie einer Antwort zu würdigen.

Kaum hatte der Arzt erklärt, daß das Leben erloschen sei, als sich die Angst meldete. Und in ihrem Eifer etwas zu tun, um ihre frühere Härte wieder gutzumachen, beschloß das Kind, auf alle Fälle das Ihre dazu beizutragen, daß der Vater nichts merken sollte.

In derselben Nacht machte sich Jeanne darüber her, in dem Zimmer, wo die Mutter als Leiche lag, alle Schubladen und Fächer zu durchwühlen, und sie fand die Briefe, nach denen sie suchte. Sie lagen auf dem Boden des Schmuckkastens der Mutter. Sie steckte sie zu sich, aber als sie den Schmuckkasten wieder an Ort und Stelle setzen wollte, kam der Vater herein, er hatte ein Geräusch gehört. Sie konnte keine Erklärung geben, und mußte sich in seine furchtbare Anklage finden: – Bist du so versessen auf Schmucksachen, daß du nicht warten kannst, bis deine arme Mutter in die Erde gekommen ist?! –

Im selben Jahr ließ sie sich von einem der Gehilfen in der Apotheke verführen, aber als er von Verlobung redete, verlachte sie ihn. Später ging sie mit einem Handlungsreisenden durch, und weder Drohungen noch gute Worte vermochten sie dazu zu bewegen, wieder heimzukehren.

Noch ein paarmal versuchte sie das Glück, das für sie kein Glück war, sich zufälligen Männern hinzugeben. Die einzige Freude, die sie daraus hatte, waren die schönen Kleider, die sie ihr schenkten. Als sie aber einsah, daß das Dirnenleben nicht für sie paßte, nahm sie entschlossen eine Stellung bei einer deutschen Familie an, die nach dem Süden reiste.

Dort blieb sie, bis die Sehnsucht nach der Heimat sie zurücktrieb. Ihr völliger Mangel an Ehrgeiz ist schuld daran, daß sie sich in einer so untergeordneten Stellung zufrieden fühlt. Von dem Vater hörte sie nichts mehr, sie weiß nur, daß er sein Vermögen an andere vermacht hat, und das macht ihr keinen Kummer. Sie lebt nur, weil sie sich nicht entschließen kann, den Tod zu suchen.

Ich möchte wissen, ob es einen Mann gibt, der sie retten kann. Einen Mann, der die Bitterkeit aus ihrem Herzen entfernen kann. Sie erzählte mir, daß ich der einzige Mensch bin, von dem sie sich angezogen gefühlt hat. Wenn ich ein Mann wäre, würde sie mich lieben und mir alles opfern.

Das ist ein recht unheimliches Phänomen. Aber das Mädchen tut mir leid. Sie ist ein Gemisch von großer Kälte und stärkerer Glut als irgendeine andere, die ich kenne.

Als sie gesagt hatte, was sie zu sagen hatte, ging sie ganz still hinaus. Und nun weiß ich, morgen ist alles zwischen uns wie gestern. Weder sie noch ich werden Anspielungen auf den Nebel machen und auf das, war der Nebel mit sich führte.

Nun, ein Gärtner kann ja die Luft nicht gut hier verpesten. Langweilt er mich, so kündige ich ihm.

Der Mensch kommt von einem großen adligen Gut. Will er sich mit meiner kleinen halben Tonne Land begnügen, so muß er außer der Häßlichkeit seines Gesichtes auch noch verborgene Fehler haben. Aber mich nach Herrn Untergärtner Jensens seelischen Qualifikationen erkundigen, das mag ich denn doch nicht.

Wir wühlten in den Photographien, als seien es Kleiderproben aus Paris. Jeanne und Torp halfen mir dabei. Zu meinem stillen

Amüsement sah ich Torp unwillkürlich einzelne der Bilder an ihre Nase halten, als glaube sie, daß der Geruch sich mitphotographieren ließe.

Aus Klugkeit wählte ich ihn, er wird uns den Frieden hier kaum stören.

Nur gut, daß ich die Hütte des Sonderlings stehen ließ, seine beiden Kammern müssen ja gut genug für den Herrn sein, und dann haben wir ihn ein wenig in der Entfernung. Torp fragte mich, ob er im Keller essen solle. Das muß er wohl, da ich nicht beabsichtigt habe, daß er mein vis-à-vis sein soll.

Im übrigen kann er ja drüben bei sich essen, dann stört uns der Geruch nicht.

Wir stammen vielleicht von Hunden ab, da der Geruch einen so mächtigen Einfluß auf unsere Sinne hat.

Ich will mich anheischig machen, im Stockdunkeln, nur mit Hilfe meines Geruchsinns, jeden Mann zu finden, den ich kenne, insofern ich ihm nahe genug gewesen bin, um seine Atmosphäre zu spüren. Es ist eine Schande, es einzugestehen, aber mit Männern geht es mir wie mit Blumen, ich schätze sie nach dem Duft. Ich entsinne mich eines kleinen englischen Kellners, wenn der nur an meinem Stuhl vorbeiging, war es mir, als seien alle meine Poren und Sinne geöffnet. – Ein Glück, daß Richard dabei war!

Das war auch der Grund, weswegen ich Herrn von Brinckens Berührung nicht duldete – und deswegen bekam Richard Macht über meine Sinne.

Jedesmal, wenn ich in den Stengel der Stiefmütterchenblüte beiße, habe ich ein Wollustgefühl wie damals, als der englische Kellner mich so irritierte.

Männer sollten keinerlei Parfüm gebrauchen. Der Schöpfer hat sie darin mit allem versorgt. Mit Frauen ist das eine ganz andere Sache, finde ich.

Es kommen doch Augenblicke, wo wir trotz aller künstlichen und ätherischen Öle der Welt nicht imstande sind, das verborgen zu halten, was wir so sorgsam zu verbergen bestrebt sind.

Ich bin verrückt von all dem Singen und Spielen. Es ist, als wenn die Boote von Gesang gerudert und die Schiffe von gräßlichen Orchestern durch das Wasser gezogen werden – patriotische Lieder und Volksweisen den lieben langen Tag hindurch.

Zeitweise liegt der Sund da wie ein großer Trockenplatz mit allen den weißen, roten und geflickten Segeln.

Wären sie Vögel, die Boote, ich kaufte eine Flinte und übte mich im Schießen, nur um sie niederzupaffen. Aber im Sommer ist ja Schonzeit für sie.

Die belebtesten Straßen einer großen Stadt können nicht lebhafter sein, als das Wasser hier, das im Winter stille dalag wie eine Kapelle.

Die Menschen fangen an, in meinem Wald umherzugehen und um meinen Garten herumzuschleichen. Ich sehe sie mit ihren neugierigen Gesichtern an der Gitterpforte. Ich glaube, ich schaffe mir einen Hund an, um ihnen Angst einzujagen. Aber dann muß ich sein Heulen nach weiblicher Gesellschaft wohl mit in Kauf nehmen.

Wie er mich ärgert, dieser Gärtner! Seine Augen schimmern förmlich von schleichenden Gedanken. Ich würde Geld dafür ausgeben, wenn er hier fort wäre.

Aber er hat einen Gang – nie in meinem Leben habe ich einen Mann so auf seinen Beinen gehen sehen. Er weiß es, und er weiß, daß ich es nicht lassen kann, danach hinzusehen.

Torp ist wie von ihm besessen, ihm zu Ehren bereitet sie die schönsten Gerichte. Ihr französisches Kochbuch ist jetzt alle Tage in Gebrauch. Und an den würzigen Düften, die aus dem Keller aufsteigen, merke ich, daß er Geschmack für das Gewürzte hat.

Für Jeanne ist er Luft, glücklicherweise, wenn sie auch seinen Gang und seine Lenden wohl bemerkt hat.

Die Mittagsstunde ist die beste, da ist es still auf dem Wasser, und selbst die Vögel halten Ruhe. Da schläft der Gärtner, und Jeanne sitzt auf der Veranda, was ich ihr erlaubt habe, mit einer kleinen Näharbeit. Es ist etwas mit schmalen seidenen Bändern, die zu Rosen werden, eine kleine allerliebste Arbeit.

5

Lieber Herr Professor Rothe,

Ihr Brief hat einen so starken Eindruck auf mich gemacht, daß ich nicht sofort antworten konnte, wie ich gern gewollt hätte. Deswegen die kurze telegraphische Antwort, die ich leider wiederholen muß: Ich weiß nichts. Niemals hat Lili auch nur mit einem Wort etwas angedeutet, was nach der Richtung hinwies. Ich glaube, ich kann sagen, daß sie mir gegenüber niemals Direktor Schlegels Namen erwähnt hat.

Mein erster Gedanke war, Lili müßte verrückt geworden sein, und ich wunderte mich, daß Sie als Arzt nicht selber auf den Gedanken gekommen waren. Aber bei reiflicherer Überlegung – ich habe während dieser zwei Tage nur an Lili gedacht – bin ich zu einer anderen Überzeugung gelangt. Ich glaube, ich fange an zu verstehen, was geschehen ist, aber ich bitte Sie, sich zu erinnern, daß ich allein für jedes Wort verantwortlich bin. Es ist nur eine Vermutung, nichts weiter.

Lili hat Sie nicht betrogen. Bei ihrer rechtschaffenen Natur ist jeder Betrug ausgeschlossen. Wenn sie Ihnen und uns allen gegenüber vollkommen in ihrer Ehe glücklich erschienen ist, so war sie es auch. Ich beschwöre Sie, das zu glauben.

Lili, die niemals auch nur eine Notlüge sagte, Lili, die wie die altmodischste Mutter über ihre «Kinder» wachte, die besorgt war, was sie lasen, welche Schauspiele sie sahen, sie sollte hinter Ihrem und der Kinder Rücken mit einem anderen Manne ein Verhältnis gehabt haben? Unmöglich, unmöglich, Herr Professor. Ich sage nicht, daß Sie sich verhört haben, aber Sie haben Lilis Worten eine andere Bedeutung gegeben.

Nicht einmal, sondern tausendmal hat Lili sich mir gegenüber über Sie geäußert. Sie liebte Sie, sie verehrte Sie. Sie waren für sie das Ideal eines Mannes, eines Menschen, eines Vaters. Sie war stolz auf Sie. Sie selbst war, wie so viele gute Frauen, ohne persönlichen Ehrgeiz und ohne Eitelkeit. Nur in bezug auf Sie war sie ehrgeizig und eitel. Sie hielt förmliche Vorträge über Ihre Operationen.

Ich brauche es Ihnen ja nicht zu sagen, niemand weiß es besser als Sie, wie sie Ihre Arbeiten verfolgte. Sie, die Latein lernte, um Ihre vielen wissenschaftlichen Werke verstehen zu können. Sie, die trotz ihrer angeborenen Angst vor Blut zu anatomischen Vorträgen ging, sie, die Ihren Demonstrationen beiwohnte …

Wenn Lili Ihnen sagte: – Ich liebe Schlegel und habe ihn schon seit vielen Jahren geliebt! so bedeutet dies nicht: – Und während all der Zeit ist meine Liebe für dich erloschen gewesen.

Nein, Lili liebt Sie und sie liebt ihn. Das Ganze ist so einfach und so verwickelt zugleich.

Sie werden denken, entweder liebt man den einen oder den anderen. Und Sie werden mit einer gewissen Berechtigung behaupten, daß Lilis Fortgang aus dem Hause auf alle Fälle beweist, daß sie zu diesem Zeitpunkt Schlegel allein liebt.

Trotzdem behaupte ich, so verhält es sich nicht.

Lili ist scheinbar eine gesunde und nüchterne Natur, die die Dinge vernünftig auffaßt. Ihr berühmtes Seelengleichgewicht hat uns alle betrogen. Dahinter hat die weiblichste von allen weiblichen Eigenschaften: die phantastische Schwärmerei, geschlummert.

Wissen Sie oder weiß ich, wie Lilis erste Jugendträume beschaffen waren? Haben Sie jemals, trotz des glücklichen Zusammenlebens, versucht, in das rein Seelische bei Lili einzudringen? Verzeichen Sie meine Zweifel, aber ich glaube es nicht. Besitzt man, wie Sie Lili besaßen, so wird man sicher. Kein Zweifel hat Sie beunruhigt, Sie haben sich nicht einmal die Möglichkeit gedacht, daß Lili in Ihrer Nähe etwas entbehren könnte. Sie haben gemeint, Sie füllten sie vollkommen aus.

Wissen Sie, ob sie nicht seit vielen Jahren eine Sehnsucht in ihrer Seele getragen hat, die sie selber nicht verstand, eine Leere, die ihr unerklärlich war, wissen Sie das?

Sie sind nicht nur ein kluger und tüchtiger Mann, Sie sind auch ein guter und gemütlicher Mann, Sie sind unterhaltend, Sie haben eine Unzahl von Tugenden, die in Lilis Augen bis zu den Sternen hinaufreichten. Aber sonderlich poetisch sind Sie nicht. Sie treten fest auf, Sie glauben nur, was Sie sehen. Sie urteilen nicht übereilt, Sie sind gerecht in ihren Ansichten und in Ihrem Urteil.

Aber beachten Sie einmal Lilis grenzenlose Nachsicht. Woher stammt die, wenn nicht von dem mitfühlenden Verständnis, das uns anderen fremd ist. Wissen Sie wohl noch, wie oft wir gelacht haben, wenn Lili irgendeinen Verbrecher verteidigen wollte, der absolut nicht zu verteidigen war? Da kam etwas angestrengt Suchendes in ihren Blick, ihr Herz flößte ihr eine Verteidigung ein, für die der Verstand keine Worte fand.

Sie stand ganz allein da mit ihrem Mitgefühl, uns anderen skeptischen, kalten Menschen gegenüber.

Wie hat sie nicht darunter gelitten!

Entsinnen Sie sich noch ihrer Lust, religiös-philosophische Fragen zu erörtern? Sie war nicht «gläubig» in dem Sinne, in dem das Wort im allgemeinen verstanden wird, aber sie wünschte den Sachen auf den Grund zu kommen, die ihre Phantasie in Bewegung setzten. Wir anderen kümmerten uns nicht weiter darum, es langweilte uns.

Und Lili, die sanft war, lenkte ein.

Entsinnen Sie sich noch ihrer Passion für Blumen? Es war ihr eine physische Qual, abgepflückte Blumen zu sehen, die nicht im Wasser standen. Ich habe einmal gesehen, wie sie so viele Blumen, wie sie nur tragen konnte, bei einer Frau in einem Torweg kaufte – nur, um ihnen das Wasser zu geben, nach dem sie dürsteten. Weder Sie noch eins von den Kindern hatten Sinn für Blumen. Sie als Arzt verfochten sogar die Ansicht, daß es ungesund sei, Pflanzen im Zimmer zu haben; folglich waren da keine, Lili hat sich nie darüber beklagt.

Lili verstand keine moderne Musik, sie langweilte sich bei Cesar Francks und bekam Kopfschmerzen von Wagner. Ein altmodisches Spinett war ihr Lieblingsinstrument.

Daheim droschen vier lange Mädchen Rubinstein und Wagner auf dem Konzertflügel, während Sie, mein guter Herr Professor, umhergingen und falsch pfiffen, wenn Sie in rosigster Laune waren.

Endlich liebte Lili kleine, stille Worte, und sie war von laut redenden Menschen umgeben. Dies sind alles nur Bagatellen, aber es erklärt, daß, selbst wenn sie sich vollkommen glücklich gefühlt hat, dort, wo sie war, es doch Gebiete gegeben haben muß, auf denen sie nicht nur nicht befriedigt war, sondern wo sie, ohne irgendwelchen bösen Willen, täglich verletzt wurde.

Lili suchte niemals den Fehler bei anderen. Hat sie den Mangel an Verständnis dessen empfunden, was ihr lieb war, so hat sie im selben Augenblick sich bemüht, diese Empfindung als unrichtig zu unterdrücken, und ihr großes Gleichgewicht hat sie darüber hinweggetragen.

Sie war glücklich, denn sie wollte glücklich sein. Sie hatte es sich einmal fest vorgenommen, daß sie der glücklichste Mensch sei, nach allen Richtungen hin der glücklichste, infolgedessen war sie eitel Dankbarkeit.

Aber tief in ihr, so tief in ihr, daß es vielleicht nicht einmal in Form von Träumen an die Oberfläche gelangte, hat das gelegen, was Schuld am Unglück wurde.

Ich weiß ja nichts von ihrem Verhältnis zu Schlegel, aber ich glaube behaupten zu können, daß das Verhältnis in der Hauptsache seelischer Art gewesen ist. Und gerade daher so verhängnisvoll.

Ich kann mir denken, daß der Klang seiner Stimme – kennen Sie sie? Er sprach leise, aber wunderbar weich – ihr von Anfang an angenehm gewesen ist. Und daß sie ganz langsam, ohne es zu wissen, zu ihm hingeglitten ist. Daß er alles das besessen hat, was sie entbehrte.

Der Mann ist ja so gut wie tot, er wird uns nie erklären können, was zwischen ihnen gewesen ist. Wenn da überhaupt etwas gewesen ist. Soweit mir bekannt ist, war Schlegel bis zuletzt von einer anderen Dame ganz in Anspruch genommen. Wäre er in Lili verliebt gewesen, so hätte er sich nicht, ganz bestimmt hätte er sich nicht mit Worten und Händedrücken begnügt. Und da Lili Sie nicht betrogen haben kann – das ist ausgeschlossen –, möchte ich vermuten, daß der Mann unwissend in bezug auf ihre Gefühle gewesen ist.

Sie werden sagen, daß es in dem Fall ja die reine Überspanntheit bei Lili ist. Keineswegs. Aber Sie sind ein Mann und verstehen nicht, womit eine Frau sich begnügen kann, wenn ihre Liebe hinreichend groß ist.

Warum ging denn Lili von Ihnen, und warum weigerte sie sich, eine Erklärung zu geben? Warum erlaubte sie Ihnen, das Schlimmste zu glauben?

Ich sage Ihnen ja, sie liebte zu gleicher Zeit die beiden Männer, deren verschiedenartige Naturen und Wesen sie erfüllten. Wäre Schlegel nicht mit dem Pferde gestürzt, hätte er sich nicht das

Rückenmarksleiden zugezogen, das ihn des Gebrauches aller seiner Sinne beraubte, so wäre Lili bei Ihnen geblieben und wäre beständig dieselbe glückliche Gattin und Mutter gewesen. Und würden Sie mit dem Pferd gestürzt sein, würde jeder Gedanke an Schlegel ausgelöscht sein, und sie hätte nur an Sie gedacht und für Sie geatmet.

Nun wollte es der Zufall, daß das Unglück ihn traf.

Lili hat nicht die Stärke besessen, den ersten furchtbaren Schmerz zu bekämpfen. Die Sache ist ihr über dem Kopf zusammengeschlagen. Sie hat sich plötzlich in einer falschen Stellung gefühlt. Die Liebe, die durch die Phantasie genährt wurde, ist ihr als die einzig richtige erschienen. Sie hat sich als Verräterin gegen Sie gefühlt, gegen ihn, gegen sich selbst. Es ist ihr ein Lebensbedürfnis gewesen, das Opfer zu bringen: alles zu verlassen, um ihre Liebe zu beweisen.

Aber Sie, Herr Professor Rothe, haben gehandelt wie ein Tor. Sie haben gehandelt, wie jeder Durchschnittsmann in ähnlichem Falle handeln würde. Die verletzte Eitelkeit ist bei Ihnen, wie bei den allermeisten, größer als der Kummer des Herzens.

Es gab zwei Alternativen, entweder war Lili verrückt, oder sie war verantwortlich. Sie waren überzeugt, daß ihrem Verstand nichts fehlte, also hat sie kaltblütig betrogen. Sie wünscht zu gehen, Sie lassen sie gehen, was weiter aus ihr wird, geht Sie nichts an, Sie waschen Ihre Hände in Unschuld.

Sie schreiben mir, daß Sie vorläufig nur die beiden ältesten Töchter in das Benehmen der Mutter eingeweiht haben. Daß Sie das übers Herz bringen konnten, daß Sie nicht lieber tausend falsche Gründe erdachten!

Lili hat Sie besser gekannt, als ich glaubte, sie hat gewußt, daß hinter Ihrer Güte ein kaltes, selbstgerechtes Herz schlug. Sie hat gewußt, daß sie in Ihrem Hause eine Fremde sei, eine Verbrecherin, an jenem Tage, da Sie erfuhren, daß Sie nicht die Herrschaft über einen jeden Gedanken und über ihre Gefühle besessen haben.

Sie haben sie gehen lassen, Sie haben geglaubt, daß sie eine artige Komödie hinter Ihrem Rücken gespielt habe, und daß ich Mitwisserin sei, vielleicht sogar die ursprüngliche Versucherin.

Lili hat Schutz bei ihrem alten Kindermädchen gesucht! Wie bezeichnend! Lili, die genau so viel Freunde hat wie Sie und ich, hat mit ihrem feinen Instinkt eingesehen, daß nicht einer von den Freunden ihr Freund im Unglück sein würde.

Wären Sie, Herr Professor Rothe, ein wenig von einem großen Menschen, wissen Sie, was Sie dann tun würden? Dann sorgten Sie durch den Oberarzt dafür, daß Lilis einziger Wunsch erfüllt würde, bei Schlegel sein zu dürfen, bis alles vorbei ist.

Denken Sie über das nach, was ich jetzt sage. Lili ist und bleibt dieselbe wie immer. Sie liebt Sie, und eine solche Handlung von Ihrer Seite würde sie mit glückseliger Dankbarkeit erfüllen, und wenn Ihnen auch etwas abginge, weil Sie ein paar Wochen, oder wie lange es sich nun hinziehen mag, sich bei dem Kranken aufhält, der sie nicht erkennen kann, der kein Wort sagen, keine Bewegung machen kann?

Wenn Schlegel nicht mehr wäre, würde Lili sich nicht weigern, mit Ihnen zu gehen, vorausgesetzt, daß sie mit ihrem Einverständnis bei ihm gewesen ist. Es ist möglich, daß sie sich in der ersten Zeit unglücklich fühlen würde, aber es würde dann Ihre Aufgabe sein, eine Reue zu besiegen, die keine Berechtigung hat.

Ich kenne Schlegel ein wenig, vor einigen Jahren habe ich ihn sogar recht oft gesehen. Ohne eine eminente Persönlichkeit zu sein, hatte er doch gerade das an sich, was Frauen anzieht. Man traut ihm alle die Eigenschaften zu, womit man den Helden seiner Träume ausstattet. Werden Sie mich verstehen? Ich könnte mir denken, daß eine Frau, der feste Männlichkeit das höchste ist, in Schlegel die unbeugsame Festigkeit sehen würde, während auch eine Frau, der Sanftheit alles ist, Schlegel die zärtlichste und nachgebendste Sanftheit beimessen würde. Das Geheimnis wäre vielleicht das, daß der Mann, der so viele Frauen gekannt hat – übrigens eine große Seltenheit – eine jede nach ihrer Fasson zu nehmen wußte.

Schlegel war ein lebender Mensch, er hätte gern eine Romanfigur sein können oder ein Bild – Lili hätte sich auf dieselbe Weise in ihn verliebt, weil ihre Verliebtheit eine Phantasie war.

Tun Sie nun, was Sie wollen. Aber das eine sollen Sie doch wissen, wenn Sie die Sache jetzt nicht aufnehmen, so tue ich es. Ich bin ein großer Egoist und gestehe das gern ein. Aber Lili habe ich lieb, und lassen Sie sie von sich auf Ihre grausame und sinnlose Weise, so hole ich sie mir hierher, und dann werde ich schon verstehen, ihr einen undankbaren Mann und eine Schar dummer, gleichgültiger Kinder zu erstatten. Eine von Lilis Tränen ist mehr wert, als Ihr ganzer männlicher Zorn.

Noch eins, ehe ich schließe. Lili ist, soweit ich mich entsinne, ein Jahr älter als ich. Hätten Sie, Herr Frauenarzt, nicht eine Erklärung darin finden können? Wäre Lili fünfunddreißig oder achtundfünfzig Jahre alt, so wäre dies ja nicht geschehen. Ich liebe es nicht, Fremden – und insofern sind Sie mir ja ein Fremder, wenn Sie auch noch so sehr mit meiner Cousine verheiratet sind – einen Einblick in meine streng persönlichen Verhältnisse zu geben, und trotzdem will ich Ihnen sagen: Wir stehen in einer schwierigen Periode, ich fühle das jeden Tag. Diesen Brief, den ich jetzt mit vollkommen ruhigem Gehirn geschrieben habe, hätte ich vor einer Woche absolut nicht schreiben können. Sie würden statt dessen ein Gespinst von sinnlosen Ausbrüchen erhalten haben.

Zeigen Sie Lili, daß Ihre Liebe keine reine bloße Eigenliebe ist.

Mit herzlichen Grüßen

Ihre Elfie Lindtner

Auf Ihre Ausfälligkeiten zurückzukommen, verzichte ich. Ich konnte nicht anders handeln, als ich getan habe, und ich bereue nichts.

~

Ich kündige ihn ganz einfach, und zwar noch morgen am Tage. Lohn und Kostgeld kann er bekommen, wenn wir ihn nur los werden.

Ich will doch in Frieden schlafen können und mein Haus geschlossen und ruhig wissen. Und ich kann nicht schlafen, solange der Mensch bei ihr ist.

Natürlich geht es mich nichts an, ob Torp Mannsleute bei sich hat oder nicht, aber es geniert mich. Ich muß an Dinge denken, an die ich nicht zu denken wünsche.

Es ist mir, als hörte ich sie unten flüstern und lachen.

Unsinn, nicht einen Laut kann ich hören. Die Vögel sind unruhig, auch sie können in den hellen Nächten nicht schlafen. Der Himmel ist wie Silber, das Wasser glitzert.

Was nun? … Ei, ei, Jungfer Jeanne geht in den Wald. Ihr Kopf gleicht von oben einem jener schönen Pilze, die zwischen den Tannen wachsen.

Wenn er sich doch auf die geworfen hätte …

Aber auf Torp …

Mich wandelt selbst die Lust an, in den Wald hinauszugehen und das Haus den beiden da unten zu überlassen. Aber treffe ich Jeanne, was dann? Was für einen Grund soll ich nur angeben? Es würde doch zu lächerlich sein, wenn wir beide im Wald umherliefen, nur weil Torp einen Mann im Keller hat.

Fenster und Türen sind offen, es sind zwei Stockwerke zwischen uns, und doch meine ich, seine scharfe, ekelhafte Atmosphäre zu spüren … Hysterie.

Nein, schlafen kann ich nicht, und jetzt ist es vier Uhr. Sonnenaufgang ist etwas Herrliches, wenn man aufgelegt ist, ihn zu genießen. Ich würde in diesem Augenblick die schwärzeste Finsternis vorziehen.

So, da ist er. Wie ein Dieb kommt er geschlichen. Er wendet sich auch nicht einmal um und sieht zurück. Ich bin überzeugt, das Untier steht in der Tür und weht und winkt …

Aber, was hat Jeanne nur einmal. Das arme Mädchen, sie steht kerzengerade hinter einem Baum. Sie will nicht von ihm gesehen werden. Das wäre auch eine zu große Ehre für den Kerl.

Schon allein Richard essen zu sehen war – oder wurde – mir zu einer täglichen Qual. Obwohl er Messer und Gabel mit vollendeter Grazie behandelte. Wenn er auch nur einmal die Ellenbogen auf den Tisch gelegt oder von einem ungeschälten Apfel abgebissen oder geschmatzt hätte. – Richard und Schmatzen!

Aber immer und ewig dieselbe unerschütterliche Korrektheit.

Ich vergesse nicht seinen zarten, vorwurfsvollen Blick, wenn ich einen Brief aufriß, ehe es ihm gelungen war, mir das Papiermesser zu überreichen. Wahrscheinlich tat das seinen Nerven ebenso weh, wie es den meinen weh tat, wenn er sich im Spiegel besah.

Ein Fleck auf dem Tischtuch verstimmte und zerstreute ihn. Er erwähnte es nicht, aber er sah den Fleck an, als sei er die Blutspur eines Verbrechens.

Seine zu peinliche Sauberkeit reizte mich, gegen meine Natur alle möglichen Sudeleien zu begehen. Absichtlich stellte ich die Bücher schief in den Bücherschrank – er war keine fünf Minuten im Zimmer, und schon hatte er es gewittert und in Ordnung gebracht.

Nun, hätte ich ihn geliebt, so wäre wohl dieser sein Ordnungssinn nur noch ein Charme für mich geworden.

Gott mag wissen, ob Richard mir treu gewesen ist! Oder vielmehr, ob er etwas davon gehabt hat, wenn er mir nicht treu gewesen ist. Selbstverständlich ist die Versuchung auch an ihn herangetreten, und während ich als Frau tausenderlei hatte, was mich daran hinderte, nachzugeben, war er in seinem vernünftigen Recht, zu nehmen, was sich ihm bot.

Und natürlich hat er das getan. Wenn nicht sonstwo, so doch auf seinen Geschäftsreisen. Wenn nicht aus anderem Grunde, so doch, wenn die Sehnsucht nach mir überhand nahm.

Aber ich bin schließlich überzeugt davon, daß die Ausbeute, die er davon gehabt hat, nur recht mäßig gewesen ist. Ich fürchte ja nicht den Vergleich zwischen mir und den anderen. Und schließlich ist mein guter Richard – gerade infolge seines ungewöhnlichen «Ordnungssinnes» – mir vielleicht nach jeder Richtung hin treu gewesen.

Ich könnte beinah wünschen, daß ich ihn auf einer Untreue allerfeierlichster Art ertappt hätte, mit Entdeckung, Eingeständnis, Szenen, Seufzern und Tränen. Wer weiß, wozu das gut gewesen wäre! Die Sicherheit, mit der seine beständige Verliebtheit mich umgab, hat ihm jedenfalls nicht zum Vorteil gereicht.

Das einzige – das allereinzige Mal, als ich ein klein wenig Eifersucht empfand und das Gefühl nicht angenehm war, da war es sicher mehr als grundlos. Das war, als er mit den Vorschlag machte, Edith mit nach Monaco zu nehmen. Er wurde dann ganz blaß, als ich ihn fragte, ob ihm meine Gesellschaft nicht mehr genüge.

Überhaupt, ich begreife nicht, wie erwachsene Männer siebzehnjährige Mädchen ernst nehmen können. Mich ärgern sie nur.

Malthe ist von Wien nach Hause gekommen, also ist er in Wien gewesen. Ich hatte geglaubt, er sei in Kopenhagen.

Sonderbar, daß mich das verstimmen kann. Ob er nun hier ist oder da …

Wäre er zehn Jahre jünger, oder ich noch zehn Jahre älter, so hätte ich ihn adoptieren können. Es ist schon früher vorgekommen, daß ältere Damen sich auf diese Weise Schoßhunde ersetzten. Und ich hätte ihm eine Frau ausgesucht! Hätte eine Schar von Schönheiten um mich versammelt und die allerschönste gewählt. Welch eine Aussicht!

Ich habe mich nicht lächerlich gemacht, und ich will mich auch nicht lächerlich machen.

Ich begegne Menschen im Walde, in meinem Walde. Sie pflücken Blumen und brechen Zweige ab, ich habe ein Gefühl, als bestehlen sie mich. Könnte ich doch den Leuten verbieten, in den Wald zu gehen und auf dem Sund zu segeln! Es ist schon schlimm genug, daß der Gärtner in meinem Garten herumtrampeln muß. Er ist überall. Der Garten wird so klein, seit er gekommen ist. Und trotzdem muß ich oft stehen bleiben und ihn ansehen, wenn er gräbt. Er hat Kräfte, und er gebraucht sie. In meiner Nähe ist er mehr als untertänig, aber seine frechen Augen versagen sich nichts.

Torp läuft sich schlank, um ihm fette Küken zu verschaffen, dafür spielt er dann Karten mit ihr.

Jeanne verabscheut ihn, sie rafft förmlich ihr Kleid zusammen, wenn sie an ihm vorbeigeht. Das freut mich.

Jeanne und ich haben heute morgen um die Wette gelacht wie zwei Kinder. Ich stand da und sah auf das Wasser hinaus und sagte in Gedanken: – Es muß herrlich sein, hier zu baden! Jeanne antwortete: – Ja, wer ein Badehaus hätte! Und ich, die ich noch immer nachdenklich war, seufzte: – Ja, wer ein Badehaus hätte! Plötzlich mußten wir beide lachen, unbändig lachen. Und nun ist Jeanne auf der Jagd nach Handwerkern. Wir wollen sie auf Akkord nehmen, sonst werden sie niemals fertig. Ich entsinne mich noch des Burschen, der im Herbst Brennholz für mich sägte.

Und dann will ich jeden Tag ein Sonnenbad nehmen.

Sie beide sind Meister, Zimmermeister, und scheinen gute Freunde zu sein. Jeanne und ich liegen draußen im Boot und sehen ihnen zu und stärken sie mit Bier. Aber das hilft alles nicht. Der eine hat eine Frau und zwölf Kinder, die hungern. Wenn sie eine Weile gehungert haben, gehen sie umher und betteln. Der Mann singt wie eine Lerche. Er ist zwei Jahre in Amerika gewesen, aber es sei ein «Blödsinn», wie sie sich da drüben abhaspelten, und so ging er als Heizer zurück.

«Dänemark ist ein so nettes kleines Land, und es ist da so schön mit all dem Wasser und den Wäldern . . .»

Jeanne und ich lächelten einander zu, wir amüsierten uns königlich.

Vorgestern kamen sie nicht. Auf der Insel war ein Kind gestorben und der eine Meister, der auch Sargtischler ist, sollte einen Sarg besorgen. Das war ja ein gültiger Grund. Aber als ich dann fragte, ob der Sarg fertig geworden sei, antwortete er: – Ich hab ihn in der Stadt gekauft, da war ich die Mühe los! Und sein Freund und Kollege ging mit ihm in die Stadt, um ihm bei der Auswahl zu helfen!

Das Wasser ist klar, und der Sandboden ist weiß und fest. Ich sehne mich danach, es auszuprobieren. Jeanne hat sich erboten, mich in dem Boot weit hinauszurudern, aber vom Boot aus zu baden, und in ihrer Gegenwart! Dann lieber warten.

Es ist Vollmond. In weiter Ferne da draußen segeln Boote mit weißen Segeln. Sie gleiten in der Nacht wie Schwäne über einen See. Es ist so still hier, daß ich jedesmal hören kann, wenn ein Fisch nach Luft schnappt. Jedesmal, wenn sich ein Vogel in dem Nest rührt. Ich spüre bis hier hinauf den Duft der roten Rosen, die sich gestern erschlossen haben …

Jörgen Malthe …

Seinen Namen schreiben ist, als gäbe ich ihm eine von den Liebkosungen, nach denen meine Hände zittern …

Ja, ich muß ins Wasser hinaus.

Ich entkleide mich hier oben und hülle mich in mein Badelaken. Ich gehe unten bei den Tannen hinein …

Herrlich! Herrlich! Wozu brauche ich ein Badehaus? Ich gehe von meinem eigenen Garten hinaus. Der Boden ist fest und weich, wie der Steig zwischen den Tannen. Der Sand gibt nach wie die Tannennadeln. Es war Meerleuchten. Meine Arme wühlten in Silber. Ich hatte Lust, die Feuersterne nach allen Seiten hin zu zerstreuen, aber ich verhielt mich still. Ich schwamm nach den

Pfählen hinaus, wo die Fischernetze befestigt sind. Der Mond stand gerade über meinem Kopf. Ich dachte an Malthe … Eine einzige Nacht, nur eine einzige Nacht …

Jeanne hat gekündigt. Ich frage nach dem Grunde, sie schüttelte den Kopf und antwortete nicht. Sie war sehr bleich, und ich wagte nicht, in sie zu dringen.

Es wird mir mehr als schwer werden, sie zu entbehren. Auf der anderen Seite, wie soll ich sie binden, wenn sie selbst fortzukommen wünscht? Geld lockt sie nicht. Wüßte ich, was sie entbehrt? Ich habe noch nicht gefragt, wohin sie will.

Ach, ich verstehe sie, es ist die Unruhe des Blutes. Sie sehnt sich nach dem, was sie als Frau nötig hat. Sie schlägt die Augen nieder, wenn ich sie ansehe.

6

Jörgen Malthe!

Sie sind der einzige Mensch, den ich geliebt habe. Und nun errichte ich durch diesen Brief eine unübersteigbare Kluft zwischen uns. Ich bin nicht diejenige, die Sie geglaubt haben, und diejenige, die ich bin, können Sie nicht lieben.

Mir ist zumute wie einem Verbrecher, der jede Ausflucht versucht hat, um nicht zu gestehen, der aber schließlich, nachdem er, bedroht und gequält, sein Verbrechen hinausgeschrien hat, eine ungeheure Linderung empfindet.

Jörgen Malthe, ich habe Sie zehn Jahre lang geliebt, so lange wie Sie mich geliebt haben. Ich habe Sie belogen, ich habe Sie betrogen, aber ich bin meiner Liebe treu gewesen.

Wäre ich länger in Richards Hause geblieben, so wäre ich eines Tages zu Ihnen gekommen und hätte Sie gebeten, mich zur Geliebten zu nehmen. Nicht zur Gattin. Widersprechen Sie mir nicht. Ich weiß es besser, ich bin die Stärkere von uns beiden.

Und dann floh ich vor Ihnen. Ich floh vor meiner eigenen Liebe – ich floh vor meinem Alter. Ich bin jetzt dreiundvierzig Jahre alt, ja, das wissen Sie wohl, und Sie sind erst fünfunddreißig.

Durch freiwilliges Verzichten glaubte ich, den Fluch besiegen zu können, den das Alter auf die meisten Frauen ausübt. Dieses Jahr hat mir gezeigt, daß man weder seinem Schicksal entgeht, noch es betrügen kann, denn man trägt es in seinem Herzen, in seiner Natur.

Hier bin ich, und hier bleibe ich, bis meine Zeit vorbei ist. Deswegen ist es so töricht von mir, jetzt mit einem Bekenntnis zu kommen, das Ihnen nur peinlich sein kann, aber ich finde keine Ruhe, ehe es geschehen ist.

Mein Leben ist arm gewesen, und ich habe mir auf mein eigenes Herz getreten.

Soweit ich weiß, war mein Vater die Redlichkeit selber. Ein Unglück traf ihn, und sein Dasein war in einer Minute zerstört. Bei einer plötzlichen Kassenrevision fehlte Geld – ein Darlehen an einen Freund, der in Not war – und Vater ward gezwungen, seinen Abschied zu nehmen. Er war dadurch ein gebrandmarkter Mann nach außen und nach innen. Wir zogen vor die Stadt hinaus, Vater und ich. Mutter war bei meiner Geburt gestorben. Die Pension, die er durch eine besondere Gnade zu behalten Erlaubnis erhielt, deckte so eben unsere bescheidenen Ausgaben. Mein Vater lebte nur seiner Schande, ich war ganz der Fürsorge des Mädchens überlassen. Durch sie erfuhr ich, daß unser Unglück mit dem Mangel an Geld in Zusammenhang stand. Und Geld wurde mein Abgott.

Ich konnte ein Geldstück vergraben – wie ein Hund einen Knochen –, konnte in der Nacht nicht schlafen vor Angst, daß ich es am nächsten Morgen nicht wiederfinden würde. Stine erzählte mir, der Mond sei aus Gold, und ich kletterte in einen Baum hinauf, um ihn zu erreichen. Ich fiel herunter und verrenkte meinen Fuß, ertrug aber den Schmerz aus Angst, andere könnten es mir nachmachen und mir den Mond stehlen.

Ich kam in die Schule. Eine Gefährtin sagte mir: Du kriegst ganz gewiß einen Prinzen, Du bist die Allerschönste! Ich trug die Worte mit mir nach Hause zu unserem Dienstmädchen, sie nickte: – Das hat seine Richtigkeit, ein schönes Gesicht ist mehr wert, als ein Scheffel Gold. – Kann man es denn verkaufen? fragte ich, und sie lachte: – Ja, mein Kind, an den, der am meisten bietet!

Von dem Tage an begann der unselige Kultus meines eigenen Äußeren, der meine ganze Kindheit und meine erste Jugend in Anspruch nahm. Reich zu werden, war für mich nicht nur das höchste, es war das einzige Ziel. Und jetzt glaubte ich selbst, das Mittel zu besitzen, um mein Ziel zu erreichen. Der Gedanke an Geld war ein Gift in meinem Blut.

In der Schule war ich fleißig und artig, ich sah ein, daß es klug war. Und es tat mir gut, zu merken, wie die Lehrer und die Gefährtinnen Rücksicht auf mich nahmen, nur um meines Äußeren willen. Ich hatte ein bescheidenes Wesen angenommen, das niemand durchschaute. Jedes Wort, das über meine Schönheit gesagt wurde, sog ich ein und bewahrte es auf.

Um keine Sommersprossen zu bekommen, scheute ich die Sonne. Ich sammelte Regenwasser, um mich zu waschen. Ich schlief mit Handschuhen. Auf Süßigkeiten, für die ich eine große Vorliebe hatte, verzichtete ich aus Rücksicht auf meine Zähne. Stundenlang bürstete ich mein Haar …

Zu Hause gab es nur einen Spiegel, in Vaters Schlafzimmer, wohin ich niemals kam, außerdem hing er auch zu hoch. Mein Taschenspiegel gab nur ein Auge zum Teil wieder. So groß war meine Selbstbeherrschung, daß ich jede Versuchung überwand, mich auf dem Wege von und zur Schule in den Ladenfenstern zu spiegeln. Keiner Menschenseele vertraute ich meine Sehnsucht nach einem Spiegel an.

Um so überwältigender war es, als ich eines Tages nach der Schulzeit einen großen Spiegel in vergoldetem Rahmen in meinem Zimmer aufgehängt fand. Es war Vaters eigener Spiegel. Ich bekam Frostschauer und Fieber vor Erregung. Stine mußte mich ins Bett bringen. Aber gegen Abend, als alles still war, stand ich auf, zündete meine kleine Lampe an und setzte mich vor den Spiegel. Dort blieb ich sitzen, bis die Sonne aufging.

Der Spiegel war mein Vertrauter. Er schuf die einzige Form von Freude, die meine Kindheit kannte. Wenn ich daheim war, verschloß ich die Tür und blieb von Angesicht zu Angesicht mit mir selber. Ich bildete mein Lächeln, ich formte meinen Ausdruck. Oft war ich von schrecklicher Angst erfüllt, das zu verlieren, was mehr wert war als «einen Scheffel Gold».

Ich mied die ausgelassenen Spiele der Kameradinnen, um keine Schrammen zu bekommen. Einmal war ich doch an einem der Spiele in einem Kaufmannshof beteiligt. Da standen viele Wagen, und wir balancierten auf den Deichseln auf und nieder. Ich fiel und schlug mir einen Nagel in die Wange. Der Schmerz war nichts gegen die wilde Angst bei dem Gedanken an Narben. Meine Niedergeschlagenheit hielt Monate an, bis einer von meinen Lehrern die Bemerkung machte, die Narbe sei nicht von einem Grübchen zu unterscheiden.

Saß ich vor dem Spiegel, dachte ich nur an die Zukunft. Die Kindheit war in meinem Bewußtsein nur eine lange, beschwerliche Wanderung, die vorgenommen werden mußte, um das Ziel: den Reichtum, zu erreichen! Mein einziger Glücksbegriff.

In der Nähe unseres Hauses lag die Landratswohnung. Das weiße palastartige Gebäude, dessen Mauern im Sommer mit Glyzinien und Klematis berankt waren, war in meinen Augen das größte und vornehmste in der Welt.

Das Haus lag zurückgezogen in einem Garten mit großen grünen Rasenflächen und freistehenden Bäumen. Das Grundstück war von dem Weg durch ein großes eisernes Gitter mit vergoldeten Spitzen getrennt.

Zuweilen, wenn die Gittertür geöffnet war, blieb ich stehen und sah hinein, und es war, als ob das Haus immer näher kam. Im Keller war die Küche, dort unten sah ich die Mädchen mit weißen Spitzenhäubchen, für mich war das etwas unendlich Feines. Man sagte mir, die gelben Gardinen vor den Fenstern des Erdgeschosses seien aus Seide. Oben waren die Fenster in der Regel mit weißen

Laden verdeckt. Die Zimmer da oben standen unberührt, seit Herr von Brinckens Gattin gestorben war. Er machte kein Haus mehr. Es geschah zuweilen, daß der Landrat, während ich dastand und hineinstarrte, mit einem Diener hinter sich geritten kam. Er grüßte und richtete in der Regel ein paar Worte an mich. Eines Tages erfaßte mich der Gedanke mit einer solchen Macht, daß ich unwillkürlich einen Schrei ausstieß, so schwindelig war ich: Da drinnen will ich wohnen, als Frau des Landrats.

Ich hatte das Ziel vor mir, Tag und Nacht. Alles andere war unwirklich.

Zufälligerweise erfuhr ich, daß der Landrat ein häufiger Gast in dem Hause einer meiner Schulgefährtinnen sei. Ich bemühte mich um ihre Freundschaft, und wir wurden unzertrennlich.

Obwohl unkonfirmiert, erlangte ich eine Einladung zu einem Diner, auf dem auch der Landrat war. Noch war mir jedes erotische Gefühl fremd. Ich kannte nicht einmal Schwärmerei. Aber als er bei Tische gleichsam erstaunt zu mir hinübersah, ward ich unruhig. Ich fühlte ein Unbehagen, als hätte ich verdorbene Speisen gegessen. Späterhin am Abend ließ er sich mit mir in eine Unterhaltung ein, und ich wußte ihn dahin zu bringen, daß er fragte, ob ich nicht Lust habe, seinen Garten zu sehen.

Ein paar Tage später stattete er meinem sich sehr geehrt fühlenden Vater einen Besuch ab und holte mich, um mir seinen Garten zu zeigen. Er behandelte mich als Erwachsene. Während wir in dem großen Garten und den Treibhäusern umhergingen, in denen die Trauben bereits reif waren, fühlte ich mich schon halbwegs als Herrscherin. Es fiel mir gar nicht ein, daß meine Pläne stranden könnten.

Aber da war ich mir auch teilweise klar darüber, daß seine Person oder vielmehr sein Alter, in dem Verhältnis zu dem meinen, mir eine Art Ekel einflößte.

Es lag trotz seiner eleganten Erscheinung schon etwas von einem alten Herrn über ihm. Als wir in seine Wohnung kamen, nahm dies Gefühl zu. Da waren überall hohe Spiegel, und zum ersten Male genoß ich mich selbst von Kopf bis zu Fuß – an der Seite eines alten Mannes.

Dies war die Einleitung. Im Jahr darauf, als die Konfirmation überstanden war, wurde ich in eine Pension nach Genf geschickt, für sein Geld. Ich war mir keinen Augenblick darüber im Zweifel, daß die Werbung und die Ehe folgen würden.

Die anderen Mädchen in der Pension waren lebensfroh und schwärmten für die Natur. Ich war ein armer Automat. Für mich besaßen weder Seen noch Berge Anziehung. Ich erwartete nur den Augenblick, wo der Handel abgeschlossen werden würde.

Zwei Jahre später, bei meiner Heimkehr, wurde die Verlobung, die durch Briefe vorbereitet war, veröffentlicht. Sein erster schüchtener Kuß machte mich schaudern, aber ich zwang mich, vor dem Spiegel, an seine Liebkosungen zu denken und trotzdem mein strahlendes Lächeln zu bewahren.

Ein paarmal merkte ich, daß er stutzte, wenn er mich zufällig ansah, aber ich legte dieser Sache kein weiteres Gewicht bei. Eines Tages, die Hochzeit war schon angesetzt, erhielt ich einen Brief, der mit den Worten begann: – Teure Elsbeth, hiermit löse ich Dich von Deinem Versprechen, Du liebst mich nicht. Du weißt nicht, was Liebe ist …

Dieser Brief stieß alle meine Zukunftspläne um, aber ich konnte nicht und wollte nicht auf seinen Reichtum verzichten. Mit einer Anspannung, die jeder Fiber in meinem Körper Gewalt antat, beschloß ich, den Eindruck zu zerstören, den er von meiner Haltung empfangen hatte. Ich ließ ihn verstehen, daß das, was er für Mangel an Liebe hielt, nur eine Äußerung der natürlichen Verschämtheit meiner Jugend sei. Er ging in die Falle. Wir beschlossen, die Hochzeit zu beschleunigen, und sein Jubel über mich war grenzenlos.

Eines Tages war ich bei ihm, um etwas über die Aussteuer zu verabreden. Bei Tische tranken wir Champagner, und ich, die ich nicht an Wein gewöhnt war, wurde sehr munter. Ich sah das ganze Leben gleichsam in einem neuen und goldigen Licht. Arm in Arm wanderten wir durch das Haus, er hatte überall anzünden lassen. Wir kamen in das Zimmer, das zu unserem künftigen Schlafzimmer eingerichtet war. Wohl irregeführt durch meine Aufgeräumtheit und selbst angeregt von dem Wein, vergaß er seine gewöhnliche Vorsicht und liebkoste mich mit einer Unbeherrschtheit, die er sich bisher nicht gestattet hatte. Die Leidenschaft verzerrte seine Züge. Er wurde häßlich. Ich versuchte zu tun, als erwidere ich seine Küsse, aber auf einmal wurde mir übel, und ich brach halb ohnmächtig zusammen. Als ich wieder zu mir gekommen war, nahm ich meinen Verstand zur Hilfe und gab dem Champagner die Schuld für mein schlechtes Befinden.

Er sah mich ernsthaft an und sagte mit einer Stimme, deren müden, traurigen Klang ich niemals vergessen werde: Ja, Du hast recht, Du kannst meinen Champagner nicht vertragen.

In der Frühe des nächsten Morgens brachte der Diener zwei Briefe von ihm. Einen an meinen Vater, worin Herr von Brincken schrieb, er sähe sich gezwungen, mir mein Wort zurückzugeben. Er leide an einem Herzübel, und eine erneute Untersuchung habe erwiesen, daß es unverantwortlich von ihm sein würde, ein junges Mädchen an sich zu fesseln.

Mir schrieb er: – Du wirst verstehen, warum ich Deinem Vater und aller Welt einen falschen Grund angebe. Ich würde nur einen Seelenmord begehen, wenn ich Dich, so wie die Verhältnisse liegen, heiraten wollte. Meine Liebe zu Dir ist groß, aber sie ist nicht groß genug, um Deine Jugend zu überwinden.

Ich wurde für sein Geld abermals fortgeschickt, meinem eigenen Wunsche gemäß nach Paris, und dort traf ich einen jungen Künstler. Hätte ich nicht auf die elendste Weise alles unterdrückt, was im Widerstreit mit meinem Gelddurst stand, so würde ich ihn geliebt haben. Jedenfalls erwachte mein Herz. Aber gleichzeitig begegnete ich Richard. Ich verriet mich selbst, ich verleugnete meine erste Liebe, die mich hätte retten, mich zu einem wahrhaft lebenden Menschen hätte machen können.

Vor den Augen dessen, der meine erste bebende Neigung erweckte, tat ich so, als zöge mich Richard an. Ich war jetzt durch Schaden klug geworden, nicht zum zweiten Male sollten meine Pläne stranden.

Meine tiefe Erniedrigung bestand nicht darin, daß ich mich für Geld verkaufte, sondern darin, daß ich die verächtliche Komödie Tage, Monate, Jahre spielte. Ich, die ich Richard gegenüber nur Gleichgültigkeit und Unbehagen gepaart empfand, ich spielte die große Leidenschaft. Teuer, teuer habe ich meinen goldenen Käfig am alten Markt bezahlt.

Richard ist ohne Schuld, er konnte nichts ahnen. . . .

Es ist so leicht, so betrüblich leicht für eine Frau, die Komödie der Liebe zu spielen. Jede kluge Frau weiß ohne Erklärung durch einen unerschütterlich sicheren Instinkt, wie der Mann beschaffen ist, der ihr seine Liebe schenkt. Und die glühendste Frau wird, wenn sie ihren Verstand gebraucht, einem kühlen Liebhaber gegenüber die Kühle spielen und umgekehrt.

Ich, Jörgen, ich, für die es lange Jahre hindurch nur einen einzigen Menschen gab, mich selbst, ich bin Richard gegenüber die Geliebte gewesen, die seine Leidenschaft begehrte.

Sie sind Mann, und Sie sind geradeaus, es graut Ihnen, wenn Sie dies hören, und Sie verstehen mich nicht. Ich denke mir, daß auch Sie Frauen gekannt haben und Frauen besessen haben, ohne sie zu lieben. Aber das ist nicht dasselbe. Wäre es das, so würde meine Schande geringer sein.

Ich habe meine Sinne entflammen lassen, während das Gehirn kalt war und das Herz sich vor Ekel zusammenzog. Ich habe bewußt die heiligsten Worte der Liebe mißbraucht einem Manne gegenüber, der mir nur kraft seines Geldes lieb war.

Gleichzeitig entwickelte ich mich zu der leichten Weltdame, für die mich alle Welt hält. Wir tragen, wir Frauen, jede ihre Maske, stets die, die uns am bequemsten ist. Meine Maske war mein Lächeln. Ich wollte nicht von anderen durchschaut werden. Es ist geschehen, daß ich während einer plötzlichen Stille mein eigenes Lachen gehört habe, an dem auch Sie so großen Gefallen fanden, daß ich es gehört und geschaudert habe.

Ach nein, so ist es nicht. War ich zusammen mit Ihnen, so war ich hinter der Maske ein lebender Mensch. Sie lehrten mich leben. Sie haben meine eigenen Augen gesehen. Sie haben mich lachen hören.

Wir beide, Jörgen, wir haben so viele Stunden zusammen verbracht, aber wir haben doch gewiß niemals miteinander gesprochen, wir kamen nicht so weit. Ich entsinne mich kaum, was Sie gesagt haben, obwohl ich es oft versuche. Womit haben wir nur einmal die Zeit hingebracht?

Sie sind der einzige, den ich geliebt habe ...

Als wir uns kennen lernten, waren Sie fündundzwanzig Jahre alt, so jung, und ich zählte acht Jahre mehr. Die Liebe entstand zwischen uns beiden im selben Augenblick.

Sie wußten es nicht.

Von dem Augenblick an war ich eine andere. Nicht eine Bessere, wohl aber eine andere. Tausend neue Gefühle entstanden in mir, ich sah, ich hörte, ich fühlte auf eine andere Weise. Alle Menschen veränderten sich für mich. Ich, die ich dem Wohl und Wehe anderer gegenüber gleichgültig war, fing an zu sehen und zu verstehen. Ich ward mitfühlend. Nicht Männern gegenüber, Männer verstehe ich nicht, das ist meine Entschuldigung für das Spiel, das ich oft mit ihnen getrieben habe. Für mich war und ist da nur ein einziger Mann: Jörgen Malthe!

Damals dachte ich nicht an den Altersunterschied, wir waren ja beide jung. Aber Sie waren arm. Niemand, wenigstens ich nicht, konnte ahnen, welch einen Marschallstab Sie in Ihrem Tornister trugen. Geld hatte mir kein Glück gebracht, aber Armut stand noch immer als das größte Unglück vor mir, das einen Menschen treffen kann.

Man übertrug Ihnen Ihre erste große Arbeit, und ich wagte, für uns beide zu träumen. Es war nicht die Ehre, an die ich dachte, nicht der Ruhm, was ging die Restaurierung oder die Nichtrestaurierung des Domes mich an? Ich heuchelte eine Freude über Ihr Talent, die ich nicht empfand. Mein Herz sehnte sich nach dem Mann, nach dem Liebhaber in Ihnen, nichts weiter.

Und nun hatten Sie eine Zukunft, jetzt konnten Sie Geld für uns schaffen. Aber Sie selbst waren so unbekümmert um Geld, daß mir bange wurde. Meine Träume hörten auf wie ein Feuer, das aus Mangel an Nahrung stirbt.

Hätten Sie mir vorgeschlagen, Ihre Geliebte zu werden, nichts, nichts, nichts hätte mich davon abgehalten. Aber Sie waren zu redlich, auch nur den Gedanken auftauchen zu lassen. Wie hätten Sie das auch tun sollen.

Ich ließ Sie glauben, daß ich meinen Mann liebte …

Ich wußte ja, daß Sie von dem Augenblick an, wo meine Gefühle Ihnen klar waren, nicht zögern würden, mich als Ihr rechtmäßiges Eigentum in Besitz zu nehmen, so gerade wie Sie sind, Jörgen Malthe.

Ich ließ das Glück an meiner Tür vorübergehen …

Vor zwei Jahren starb Herr von Brincken, er hinterließ mir einen beträchtlichen Teil seines Vermögens – und einen Brief, den er in jener Nacht nach unserem letzten Zusammensein geschrieben hatte. Nun hatte ich Geld, nun konnte ich gehen. Ihre anhaltenden Gefühle waren mir Bürgschaft genug für die Zukunft.

Ein Zufall riß mich aus meinen Illusionen. Eine meiner Bekannten, eine Dame in meinen Jahren, die sich mit einem jungen Offizier verheiratet hatte, wurde nach einem Jahr des Glückes im Stich gelassen, statt des Mitgleids erregte sie nur Lachen.

Da faßte ich meinen einzigen großen Entschluß, vor meiner eigenen Liebe zu fliehen …

Jörgen Malthe, Ihnen verdanke ich die besten Stunden in meinem Leben. Jene Stunden, in denen Sie mir den Entwurf zur «Weißen Villa» zeigten. Ich empfand es qualvoll und doch als unsagbares Glück, daß Sie mich in meine Einsamkeit einmauern würden.

Ich habe vor Sehnsucht nach Ihnen gebrannt, jetzt bin ich nur noch ein Aschenhaufen. Der Wind hat meine Träume zerstreut.

Ich lebe, weil es weit von mir entfernt ist, irgendeine starke Handlung zu unternehmen. Ich lebe also und fahre fort zu leben.

Wüßten Sie, was über mich hingegangen ist, und wie ich so weit habe herunterkommen können, daß ich dies Bekenntnis geschrieben habe, so würden Sie mich mehr verachten, als ich ertragen kann. Es gibt Gedanken, die eine Frau nicht einmal dem Manne auszuliefern vermag, den sie liebt, und gälte es ihr Leben und – das seine …

Jetzt ist es Nacht, die Sterne stehen über meinem Haupte. Jörgen Malthe, was will ich von Ihnen? Warum habe ich dies alles geschrieben und geschrieben? Zu welchem Zweck?

7

Nein, nein … und in alle Ewigkeit nein. Ich kann es nicht. Niemals sollst Du diesen Brief zu lesen bekommen, niemals, niemals. Was brauchst Du weiter zu wissen, als daß ich Dich liebe! Dich liebe! Dich liebe! …

Und nun will ich schreiben, demütig und ruhig, ich will Dir sagen, wie es ist: – Ich fürchtete die Zukunft, und daß Du aufhören würdest, mich zu lieben, deswegen floh ich. Ich fürchte die Zukunft noch jetzt, und daß Du aufhören wirst, mich zu lieben. Aber all mein Widerstand ist von dem einen gebrochen: Ich liebe. Zum ersten, zum einzigen Mal in meinem Leben. Darum bitte ich Dich, zu kommen, aber jetzt, Du darfst nicht einen Monat warten, nicht eine Woche. Meine Linden duften, hörst Du, Jörgen, jetzt während die Linden duften. Und was Du dann mit mir und über mich beschließt, das wird das Entscheidende sein.

Willst Du mich zur Gattin haben, dann folge ich Dir, wie die Frauen in alten Zeiten ihrem Herrn und Gemahl in gehorsamer Freude folgten.

Aber willst Du mich nur für eine Weile besitzen, dann mache ich das Haus bereit für meinen Gast.

Was Du auch bestimmst, für mich wird es ein so großes Glück sein, daß ich mich davor ängstige, es könnte etwas geschehen, das seine Erfüllung verhindert …

Und laß dann die Jahre vergehen, laß dann das Alter kommen. Bis zu der Zeit werde ich von den Erinnerungen an Dich und das Glück mir einen Wald gepflanzt zu haben, in dem ich ruhig wandern und den Rest meines Lebens ruhen kann.

Die Sonne scheint auf die Fensterscheiben, es ist, als ob die Spinnen sie mit ihren regenbogenfarbenen Glücksfäden übersponnen haben.

Du Kind von einem Mann ... wie ich liebe! ...

Komm zu mir und bleibe bei mir – oder gehe, wenn die Zeit um ist.

Der Brief ist abgeschickt, Jeanne ist damit zur Stadt hinübergerudert. Sie sah mich an, als ich ihr den Brief gegeben hatte und sie bat, sich zu beeilen, damit er noch mit dem Nachtzuge abgehen könne. Wir hatten beide Tränen in den Augen ...

Ich will Jeanne nicht von mir lassen, ihr Platz ist bei mir. Und bei ihm. Ich stand am Fenster und sah sie in dem kleinen, weißen Boot dahinrudern. Sie zog die Ruder so stramm an, wenn sie nur Kräfte hat, so weiter zu rudern. Es ist weit bis zur Stadt.

Nie ist ein Abend so still gewesen. Alle Dinge ruhen in sich selbst. Es liegt eine Hoheit im Himmel und auf der Erde. Ich bin in den Wald gewandert und über die Felder, und ich fühlte nicht, daß ich ging. Die Blumen duften stark, ich bin so bewegt.

Wie ist es möglich zu schlafen? Mir ist, als müsse ich wachen und warten, bis der Brief in seinen Händen ist. Nun wird er dahingetragen durch die stille, stille Nacht zu ihm ... Der Brief sehnt sich so wie ich.

So bin ich denn doch wieder jung geworden ... Ja, ich bin jung, jung ... Die Nacht ist ganz blau. Nicht ein Aalfeuer ist draußen zu sehen.

Wäre dies meine letzte Nacht, ich würde nicht klagen, ich fühle mein Glück so nahe, daß sich das Herz öffnet und trinkt, wie die Poren der Blumen, wenn der Tau fällt.

Alles, was war, ist nicht mehr, ich bin Elsbeth Bugge und stehe noch auf der Schwelle zu dem großen, schönen Leben.

Er kommt ... Mit dem Morgenzug kommt er. Ich finde, das ist zu schnell. Hätte er nur ein paar Tage gewartet. Ich muß mich doch erst sammeln. Da ist so viel ...

Wie meine Hände zittern.

Ich trage das Telegramm auf der Brust. Und jetzt bin ich ganz ruhig. Warum will Jeanne durchaus, daß ich zu Bett soll? Ich bin doch nicht krank.

Jeanne sagt, es nütze nicht, Blumen vor morgen früh in die Vasen zu stellen, sonst verlören sie. Aber kann ich mich darauf verlassen, daß Torp dafür sorgt, daß wir Essen im Hause haben. Mir dreht sich alles im Kopf herum. Das Gras muß gemäht werden, und die Hecke ... ach, ich bin dumm, als wenn er das Gras oder die Hecke ansieht ...

Jeanne fragt mich, wo «der Herr» schlafen soll. Ich kann ein Erröten nicht bezwingen. Jetzt macht sie das kleine Giebelzimmer für ihn fertig. Dort ist am meisten Sonne.

Jeanne liest meine Gedanken, sie hat vorgeschlagen, unten bei Torp zu wohnen, solange wir «Besuch» haben. Ich habe einen langen Brief an Richard angefangen, und die Zeit ist so gut damit vergangen. Wollte er doch bald irgendein kleines Geschöpf finden, das ihm das Dasein versüßen könnte. Der gute Mensch. Mir ist, als hätte ich ihn in diesen Tagen so lieb gewonnen.

Wir wollen reisen. Ich habe ja auf meinen vielen Reisen nichts gesehen. Jörgen soll mir die Welt zeigen. Alle die Orte, wo er allein gewesen ist, wollen wir zusammen aufsuchen ...

Wie ich den ungläubigen Thomas verstehe, auch ich wage nicht zu glauben, ehe ich sehe.

Jörgens Kopf ist so groß, mir ist, als könne ich ihn zwischen meinen Händen fühlen.

Torp schlägt mir das Menü des Konferenzrates vor, als Prinz Waldemar bei ihm zu Gast war. Ja, kann sie das in so kurzer Zeit beschaffen, dann kann sie sich meinetwegen mit dem Telegraphen amüsieren. Ich fürchte mich nicht, ihr zu helfen. Majonaise rühren kann ich wenigstens ...

Es war dumm von mir, daß ich Lili meine Lalique-Kämme gegeben habe! Könnte ich sie nur mit Anstand zurückverlangen! Jörgen ist an sie gewöhnt, er wird sie gleich entbehren.

Ich habe alle meine Kleider hervorgeholt, aber ich kann mich nicht entschließen, ich kann des Morgens doch nicht in einer Dinertoilette erscheinen, und ein weißes Kleid – in meinem Alter! Warum nicht, gerade weiß, das weiße mit der Madeirastickerei. Und es kleidet mich. Ich habe es nicht getragen, seit er uns auf dem Landhause besuchte. Es ist ein wenig vergilbt von dem Liegen, aber das sieht er nicht.

———

Über Nacht will ich schlafen, schlafen wie ein Stein und aufstehen und mein Bad nehmen und einen weiten, weiten Morgenspaziergang machen – und wenn ich zurückkomme, will ich dasitzen und über das Wasser hinausstarren, bis ich das weiße Boot sehe…

———

Ich mußte ein Schlafpulver nehmen, aber geschlafen habe ich wenigstens ganze elf Stunden, von neun gestern abend an. Der Gärtner ist hinübergerudert, ich habe zwei Stunden, um mich anzukleiden.

———

Aber ich weiß nicht, was es ist, jetzt, wo ich dem Glück so nahe bin, werde ich bange.

Jeanne rät mir, ein wenig rot aufzulegen. Nein, Jörgen liebt mich so, wie ich bin.

Er wird über mich lachen, wenn er hört, daß ich geweint habe, weil das weiße Kleid mir nicht mehr paßt. Das ist meine eigene Schuld, ich habe mir zu wenig Bewegung gemacht. Aber es ist mir eine große Enttäuschung, meine anderen weißen Kleider stehen mir lange nicht so gut wie das.

Ich sehe das Boot …

Er kam mit dem Morgenzug. Er reiste mit dem Abendzug. Es ist zwei Tage her, und ich habe nicht geschlafen. Ich habe auch nicht gedacht. Es ist Zeit genug zum Denken.

Er reiste mit dem Abendzug. Diese Nacht blieb mir erspart. Seinen Brief habe ich verbrannt, nicht ein Wort konnte mir der Brief sagen, daß ich nicht wußte. Nicht einen Schmerz konnte er mir zufügen, den ich nicht schon fühle.

Oder fühle ich Schmerz? Bin ich nicht weit eher gefühllos geworden? Einmal war der Mond selbst eine Sonne. Sein inneres

Feuer verzehrte ihn. Jetzt ist er kalt und erstarrt, sein Licht ist nur ein Widerschein, ein Betrug.

Jeanne hat gebeten, ob sie nicht bei mir bleiben darf, jetzt und für alle Zeiten. Jetzt und für alle Zeiten.

Aber was soll ich mit ihr, kann ich nach dem, was geschehen ist, wieder von vorne anfangen?

Sein erster Blick sagte es mir. Er schlug die Augen nieder, aus Furcht, mich noch mehr zu verletzen. Und so feige war ich, daß ich alle zärtlichen Worte hinnahm, ohne ihn zu unterbrechen. Daß ich seine Liebkosungen hinnahm …

Aber als unsere Blicke sich zum zweiten Male begegneten, wußten wir, daß alles vorbei war.

Menschen reden von Blut weinen, ich glaube, wir lächelten Blut während der Stunden, die er unter meinem Dache war.

Und als wir einander bei Tische gegenüber saßen, stumm wie an einem Sterbebett … Nur wenn Jeanne servierte, versuchten wir zu sprechen.

Als wir uns trennten, sagte er: Ich komme mir vor, wie der elendeste Verbrecher! Er hatte ja nichts verbrochen, er hatte mich geliebt, und er liebt mich nicht mehr, das ist alles.

Aber ich halte es nicht aus, hier zu sein nach dem, was geschehen ist. Alles erinnert mich an die Freude meiner Erwartung. Alles hier erinnert mich an meine Niederlage.

Wohin soll ich gehen, um meine Schande zu verbergen?

Richard …

Würde das nicht zu gemein sein, obwohl, warum eigentlich? Und er hat ja mein Versprechen. Wenn ich mein Einsiedlerdasein bereute …

Ja, ich will ihm schreiben, aber erst muß ich wieder zu Kräften gelangen. Jeanne macht lange Spaziergänge mit mir. Wir sprechen nicht zusammen. Wir haben einander nichts zu sagen. Aber es tut mir gut, daß sie treu ist.

8

Lieber Richard,

es ist lange her, seit ich Dir schrieb, aber Du bist auch nicht allzu eifrig in der Sommerzeit gewesen, so geht das denn gegeneinander auf.

Ich denke oft daran, wie es Dir im Grunde in Deiner Einsamkeit ergehen mag. Ob Du es aushältst, auf dem Landhaus zu wohnen und jeden Tag zur Stadt zu fahren, oder ob Du nicht weit eher, wie die meisten der lieben Herren Gatten, Dich entschlossen hast, nur von Sonntag bis Montag hinauszufahren.

Wenn ich nicht chemisch frei von Neid wäre, würde ich Dich übrigens um Dein neues Automobil beneiden. Die Gegend ist hier so schön, aber sich in einer Kutsche, die mit schmutzigen und durchlöchertem Samt gefüttert ist, herumrumpeln zu lassen, das verlockt mich ja nicht. Nun könnte es Dir ähnlich sehen, mein lieber Freund, mir das Automobil mitsamt dem Chauffeur auf den Hals zu schicken, aber laß das um Himmels willen bleiben, das war nicht meine Absicht.

Erzähle mir recht viele Stadtneuigkeiten. Ich lese die Zeitungen so gut wie ich kann, aber da sind ja Dinge, die nicht in den Zeitungen stehen. Vor allem erzähle mir von Lili, wie es ihr geht. Wird sie bald zu Hause erwartet? Hast Du den Eindruck, daß es nach außen hin ein weiterer Skandal geworden ist? Die Leute reden oft, aber sie vergessen wohl ebenso schnell wieder.

Ja, Nervenkliniken sind gut für vieles, aber ich finde doch, der gute Hermann Rothe ging zu heftig ins Geschirr. Auf mich wird er wohl wütend sein, weil ich ihm meine geringe Ansicht in klaren Worten gesagt habe. Natürlich hat er kein Tüttelchen davon begriffen, aber ich habe ihn doch zu der Ansicht gebracht, daß Lili ihn nicht im eigentlichsten Sinne «betrogen» hatte. Und darauf kommt es für Leute seiner Art ja an.

Ich bin nun der Ansicht, Lili selber wäre zwanzigmal leichter darüber hinweggekommen, wenn sie dem Manne auf gewöhnliche Weise untreu gewesen wäre.

Aber um auf mich zurückzukommen. Du ahnst nicht, welches vollendete Geschäftsgenie der Welt in mir verloren gegangen ist. Ich habe es nicht nur fertig gebracht, hier mit meinem Geld auszukommen – ich mit meinen Neujahrsrechnungen –, sondern ich habe einen so großen Überschuß in reinem, roten Golde, daß ich fast einen ganzen Strumpfschaft damit füllen kann. Und ich schreibe an, denke Dir nur, Richard, ich schreibe an. Jeden Montag vormittag erscheint Torp mit Tafel und Buch, und dann muß es auf den Heller stimmen.

Ich bade ein- bis zweimal am Tage in meinem eigenen kleinen bequemen Badehaus, und des Abends rudere ich in meinem eigenen kleinen weißen Boot. Es ist hier so zierlich und fein, daß Deine reinliche Seele sich bei dem Anblick erfreuen würde. Hier schleppe ich keinen Kies aus dem Garten herein, das kannst Du mir glauben, wie auf dem Landhause zu Deinem ewigen, aber rücksichtvoll stummen Kummer. Und hier stehen die Bücher in Reihe und Glied, Du würdest keine Staubflocke am verkehrten Platz finden.

Der Gärtner aus Frijsenborg, von dem ich Dir geschrieben habe, hat natürlich eine Liebschaft mit Torp, und ich erwarte, in nächster Zeit zur Hochzeit eingeladen zu werden. Übrigens ist er ganz tüchtig, und meine Gemüse sind über alle Kritik erhaben. Ich hätte selbst gern Küken großgezogen, aber Torp ist so bange vor den Hühnerflöhen, daß sie mich gebeten hat, davon abzustehen. Nun bekommen wir sie von Schullehrers, und die können gar nicht so viel ausbrüten, wie wir verzehren.

Ich habe eine Idee bekommen, die Dich freuen wird, Richard.

Du sollst kommen und mich besuchen. Ohne Verbindlichkeit, das begreifst Du wohl. Nur ein kleines, gemütliches Zusammensein, ein Auffrischen von guten und schlechten Erinnerungen. Mich dürstet danach, mit einem Menschen zu reden, und wer steht mir wohl näher als Du?

Aber tue mir den Gefallen, in aller Stille zu kommen. Niemand braucht ja zu wissen, daß Du Deine geschiedene Frau besuchst, nicht wahr? Denn selbst, wenn wir die Erlaubnis haben, uns nach eigenem Gutdünken einzurichten, so hat es doch keinen Zweck, den Klatsch herauszufordern.

Wer weiß, vielleicht kommt die Zeit, wo ich mich revanchiere und das Versprechen, das ich Dir am letzten Abend gab, als wir zusammen waren, einlöse. Wenn zwei Menschen so miteinander gelebt haben wie Du und ich, ist alles Gerede über Scheidung nichts als Worte. Man trennt sich nicht nach einer zweiundzwanzigjährigen Ehe. Selbst wenn jeder für sich lebt.

Aber warum über die Zukunft reden. Die Gegenwart steht uns näher und amüsiert mich mehr.

Komme also, mein lieber Freund, und ich will Dich empfangen, so daß Du Deine Reise nicht bereust.

Ich hatte in der vorigen Woche einen ganz flüchtigen Besuch von Jörgen Malthe. Er war hier drüben, um einige Kalkmalereien in unserer Nähe zu sehen, und da kam er unangemeldet und brachte einige Stunden bei mir zu. Ich muß sagen, ich fand ihn verändert und nicht zu seinem Vorteil. Ob der Mensch sich doch nicht vor der Zeit aufschleißt?

Wenn Du ihn triffst, mußt Du nicht sagen, daß ich seinen Besuch erwähnt habe. Er fiel ein wenig peinlich aus. Vielleicht war ich auch ein wenig nervös. Wenn man ein ganzes Jahr ohne Verkehr mit der Außenwelt gelebt hat, wird man leicht verwirrt, schon bei dem Anblick eines lebenden Wesens.

Gib Deinem Chauffeur nur Befehl, sich bereit zu halten. Solltest Du besonderes Gefallen an der Gegend finden, kannst Du ihn per Expreß hierherrufen.

Hindert Dich die Fabrik, jetzt zu reisen, oder hast Du andere Dispositionen getroffen, so schicke mir nur ein paar Worte. Sonst auf Wiedersehen

Deine Elfie,
die sich vielleicht doch nicht zum Einsiedlerleben eignet.

9

Das wagt er! … So ist also all seine Sehnsucht und all seine Trauer das reine Komödienspiel gewesen! Er hat sich vielleicht obendrein gefreut, als ich fortging …

Nein, dieser Hohn, dieser Hohn! …

Elfie Lindtner, weißt du wohl, daß du im selben Jahr und im selben Monat dich zwei Männern angeboten hast, und von einem jeden verschmäht worden bist? Und jetzt ist da nichts mehr, falls er nicht bereuen sollte …

Natürlich bereut er, aber dann ist es zu spät, dann ist es zu spät, mein lieber Richard.

Daß er das gewagt hat! Daß er das wagt! Mir als Nachfolgerin einen Backfisch von neunzehn Jahren zu geben. Er macht sich ja vor der ganzen Stadt zum Narren, und ich kann es nicht verhindern.

Mit mir ist es aus. Mir bleibt nichts weiter übrig, als so schnell wie möglich die Spuren hinter mir auszulöschen. Aber ich muß eine Sortie haben. Ich kann den Gedanken nicht ertragen, daß irgend jemand – namentlich Richard – mich bemitleidet.

Wie elend ich meine Karten gespielt habe! Ich, die ich einen guten Verstand zu haben glaubte …

Weiß Gott, ich verstehe die Frauen, die einander Vitriol ins Gesicht schleudern, wenn ich auch selbst leider zu wohlerzogen zu solchen Plötzlichkeiten bin.

Aber hätte ich sie hier, diese, ich weiß nicht, wer sie ist, ich würde sie mit meinem Blick messen, so daß sie es nie vergessen würde …

Jeanne hat eingewilligt, dann bleibt also nichts weiter übrig, als den Brief zu schreiben; und dann fort.

10

Liebster Richard,

wie ich mich über Deinen Brief amüsiert und in Deinem Interesse gefreut habe. Du hättest mir keine bessere Nachricht schicken können. In Zukunft brauche ich also Deinetwegen keineswegs Mitgleid mehr zu haben, sondern kann meine Freiheit nach Herzenslust genießen und darüber disponieren, wie es mir selber gefällt.

Viel Glück, mein lieber Freund! Nun müssen wir ja hoffen, daß «sie» will, denn Du weißt, Mädchen in dem Alter pflegen Launen zu haben. Aber Du bist ja nicht nur ein schöner Mann in den besten Jahren, Du bist ja auch eine außerordentlich gute Partie. Eine neunzehnjährige Schönjungfrau heutzutage ist kaum blind dafür, und Du sollst sehen, es geht.

Ich ahne ja nicht, wer sie ist, und preise Deine Diskretion – Du bist und bleibst Du selber – . Aber auf eins bereite Dich vor, Richard, Du bekommst eine endlose Arbeit mit dem Aufräumen hinter ihr her. Ich setze den Fall, sie radelt und wirft Zigarrenasche in Deine Tiffanygläser, daß sie Galoschen und lange Kleider haßt, daß sie gern mit den Möbeln herumrückt. Und in dem Fall hat sie ja etwas zu spielen in Deinem großen Hause.

Ich hoffe wenigstens, daß Du sie so stramm halten wirst, daß sie sich nicht über Deine «alte Frau» lustig macht und glaubt, daß mein Geschmack in Deinem Hause der geltende gewesen sei. Lieber Freund, ich sehe Dich schon mit dem Kinderwagen. Erinnerst Du Dich wohl der lustigen Geschichte von Großhändler Bang, der sich in hohem Alter verheiratete und Kinder bekam, die ihn «Großvater» nannten – – –

Nun, Du bist ja wirklich in Deinen besten Jahren. Deine zukünftigen Kinder werden Dich weit eher als Spielkameraden gebrauchen.

Du siehst, ich bin ganz ausgelassen vor Überraschung und vor Vergnügen. Ginge es an, so würde ich schrecklich gern Deine Hochzeit mitmachen, aber eine solche Verletzung aller Traditionen würdest Du wohl kaum gestatten.

Zu mir aufs Land kommen, das könntet Ihr sehr wohl hin und wieder. In tiefster Verschwiegenheit.

Einer meiner ersten Gedanken war, ich will es nur gestehen: Ob sie sich wohl zu kleiden versteht? Ob sie sich frisieren kann? Denn, weißt Du, die meisten jungen Mädchen innerhalb unseres Kreises gestatten sich jetzt das Unglaublichste in bezug auf Haarsträhnen und merkwürdige Gewänder.

Aber ich verlasse mich auf Deinen sicheren Blick, und wenn die Hochzeitsreise nach Paris geht, so wird sie ja gute Beispiele vor Augen haben. Jetzt verstehe ich besser, warum Du auf einmal so träge mit dem Schreiben wurdest. Die Sache hat wohl schon den ganzen Sommer gespielt, oder ist es im Zuge zwischen Hörsholm und Helsingör entstanden?

Ja, ich frage nur, aber Du brauchst nicht zu antworten. Aus Deinen Brief ersehe ich, daß Du dagesessen hast und errötet bist, während Du schriebst. Alle Worte sind so tödlich verlegen, als ob Du mir Rechenschaft schuldetest oder fürchtetest, ich würde die Sache verkehrt auffassen. Ich habe, das kannst Du der kleinen Dame nur erzählen, schon Euer Wohl in Champagner getrunken, mit mir selbst, versteht sich. Das war wirklich sehr amüsant.

Unter diesen Umständen finde ich, Du solltest nicht zu mir kommen, obwohl ich ja allerdings sehr viel darum geben würde, Dein von neuem Glück verjüngtes, liebes Gesicht wiederzusehen. Aber es würde doch nicht klug sein. Du weißt, ein junges Mädchen ist schwerer zu hüten, als ein ganzer Sack voll von den kleinen hüpfenden Tierchen, die das Entsetzen meines allzu roten Blutes sind.

Außerdem habe ich eine Idee bekommen, die derartig in meinem Gehirn brennt, daß ich kaum mehr den Tag erwarten kann, an dem ich sie in Wirklichkeit übertragen werde.

Rate, mein Freund, rate! Ich will eine Reise um die Welt machen. Weder mehr noch weniger. Ich habe schon an Cooks Bureau geschrieben und erwarte voll großer Ungeduld die Beantwortung meiner Fragen nach Route, Preis usw.

Allein reise ich nicht. Den Mut habe ich nicht.

Ich nehme Jeanne mit mir. Sollten meine Zinsen nicht ausreichen, was sie wohl nicht annähernd tun werden, so nehme ich ein wenig von dem Kapital auf und sauge später Hungerpfoten.

Komme mir aber bitte nicht mit neuen generösen Anerbietungen. Du darfst jetzt kein Geld mehr an «Damen» verschwenden, vergiß das nicht, Richard!

Die weiße Villa wird verschlossen und verriegelt, die läuft nicht weg und frißt kein Brot während der Jahre, daß ich fort bin. Übrigens ist es möglich, daß ich mich in Zukunft zwischen der Villa und den großen Städten des Auslandes teilen werde, so daß ich nur den Sommer hier zubringe.

Gleichzeitig mit diesem Brief schicke ich ein Hochzeitsgeschenk für Deine neue Freundin. Du brauchst ihr ja nicht zu sagen, von wem es ist. Junge Mädchen sind immer so erpicht wie die Raben auf Schmucksachen, und ich gehe doch nicht mehr mit einem Diadem im Haare. Es war Dein erstes überwältigendes Geschenk – ich war wahrhaftig so davon in Anspruch genommen, daß ich kein Wort von der Rede des Pfarrers hörte, die nach Aussage der anderen wohl gesetzt gewesen sein soll.

Du wirst doch hoffentlich den Takt haben, die viel zu vielen Bilder von mir zu entfernen, die Du an Deinen Wänden hängen hast. Laß sie zum Vorteil für junge, arme Künstler verlosen, dann stiften sie noch Nutzen, sonst riskiere ich, daß meine Nachfolgerin umhergeht und ihnen die Augen aussticht.

Finde ich in Japan einige besonders hübsche Vasen und Stikkereien, so werde ich mich Deiner Passion erinnern.

Laß mich Deinen Hochzeitstag wissen, mein Bankier ist immer davon unterrichtet, wo ich weile – aber darüber hinaus sollst Du nicht schreiben, in Zukunft sollst Du Dich einzig und allein Deinem neuen Beruf als junger Ehemann widmen.

Du hast ganz vergessen, meine Frage nach Lili zu beantworten, und ich gehe deshalb davon aus, daß alles gut geht.

Grüße sie herzlichst von mir und sei selbst herzlichst gegrüßt von Deiner jetzigen und ehemaligen

Elfie Lindtner

Das mit dem Namen ist ja das Schlimmste, aber ich habe keine rechte Lust, meinen Mädchennamen wieder anzunehmen. Elsbeth Bugge kommt mir vor wie ein überwuchertes Grab auf einem Friedhof.

Nun, Du bist ja weder der erste noch der letzte, der mehrere Frauen umherspazieren hat. Und die Welt ist ja verhältnismäßig groß.

Ende.

BELLETRISTIK BEI KORE

Armen Ohanian
Ich, Tänzerin von Shamakha
Mit einem Vorwort von
Anatole France
336 S. · DM/sFr 35 · öS 256
ISBN 3-926023-47-3

Die christliche Armenierin Armen Ohanian hat ihr abenteuerliches Leben um die Jahrhundertwende aufgeschrieben, ein Leben zwischen Christentum und Islam. Als Chris-tin lebt sie jahrelang in einem Ha-rem und studiert die Gebräuche ihrer islamischen Schwestern, von denen sie lernt: den Tanz. Weltberühmt zieht sie als Tänzerin durch die Länder des Orients in den Westen.

«[…] Ihr Buch ist ein Erlebnis. Es ist mit Worten geschrieben, die so unmittelbar sind, daß man die Erzählerin vergißt und alles sieht, hört und erlebt, als stünde man davor oder mitten drin.»

Felix Langer
Berliner Tagesspiegel

Armen Ohanian
In den Klauen der Zivilisation
288 S. · DM/sFr 30 · öS 219
ISBN 3-926023-63-5

Armen Ohanian erzählt im zweiten Band ihrer Autobiographie ihr Leben als Showtänzerin in den Metropolen Westeuropas. Ist der erste eine Auseinandersetzung zwischen der Religion des Islam und des Christentums, der sie ihren Tanz geweiht hat, so sieht sie sich hier konfrontiert mit der westlichen Zivilisation, die sich ihr als geprägt von Glamour, Glimmer und Geld eröffnet. Hellsichtig, kritisch und modern ist Ohanians Blick auf dieses Europa der 20er Jahre, in dem sie Fuß zu fassen sucht zwischen Bohème und Business.

«Derselbe Reiz, der von Ihren Blicken und Bewegungen ausgeht, liegt in Ihren Schilderungen und Erzählungen …»

Anatole France

Harriet Straub
ZERRISSENE BRIEFE
Ludger Lütkehaus Hg.
136 S. · DM/sFR 20 · öS 146
ISBN 3-926023-23-6

«Ihr zentrales Anliegen gilt den Gegenbildern zum ‹verchristeten› Europa, das mit seiner Vergötzung des Nutzens und seiner Ausbeutung der Natur die wahre Menschlich-keit verloren habe. Und es gilt der Frauenemanzipation. Es gelingt ihr, ganze Welten aufscheinen zu lassen, selbst dort, wo sie nur kleine Ausschnitte beschreibt.»

Caroline Herrmann
Nürnberger Zeitung

*

WÜSTENABENTEUER, FRAUENLEBEN
150 S. · DM/sFR 20 · öS 146
ISBN 3-926023-26-0

«Die emotional hochgradig verdichteten, scharfsinnigen Texte vermitteln einen lebendigen Eindruck von weiblichen Lebens-zusammenhängen um 1900. Das brillante Nachwort des Heraus-gebers umreißt Biographie und Werk der Autorin und macht Lust auf eine erneute Lektüre dieser faszinierenden Texte.»

Ortrud Gutjahr
Germanistik

DAS MÄDCHEN UND DER TOD
112 S. · DM/sFR 20 · öS 146
ISBN 3-926023-61-9

«Auch diese Texte brillieren durch die straubsche Intensität, durch das völlige und glasklare Durchdringen und Erkennen der Abgründe dessen, was gemeinhin Lebensumstände genannt wird.
Das am Sterbetag der Mutter begonnene Tagebuch stellt den Schlüssel für Leben und Werk der Straub dar. Gleichwohl haben die kapitalen und traumatischen Erlebnisse einen Wesenszug sich entwickeln lassen, der gleichsam hinter der beschriebenen Einsicht in die Dinge steht und diese prägt: Das Bestreben gegen Vereinnahmungen jeder Art nämlich.»

Eva Grundl
Südkurier

*

Alma M. Karlin
EINSAME WELTREISE
Erlebnisse und Abenteuer einer Frau im Reich der Inkas und im fernen Osten
400 S. · DM/sFR 30 · öS 219
ISBN 3-926023-57-0
«Von den vielen Dutzenden von Reisebeschreibungen, die meinen armen kritisierenden Augen schon ausgeliefert wurden, gehört das Werk von Alma M. Karlin Einsame

Weltreise zu den allerbesten, wenn es nicht sogar das beste ist. Da schildert eine begabte Schrift-stellerin und sehr gebildete Frau, wie sie fast ohne Geld sich auf-macht und die Welt umreist. Im Zwischendeck und monatelang auf Zwischenstationen, wo sie sich als Sprachlehrerin und Journalistin, als Sekretärin und Zeichnerin mühsam ein wenig Geld verdient. Allem, auch dem Entsetzlichsten ausgeliefert. In dem vorliegenden Bande erzählt sie ihre Erlebnisse in den ersten vier Jahren. Man liest das starke Werk mit angehaltenem Atem.»

Hannoversche Allgemeine

*

Karin Gündisch
LIEBE. TAGE, DIE KOMMEN
120 S.
DM/sFR 24,80 · öS 181
ISBN 3-926023-50-3

«Karin Gündischs Roman Liebe. Tage, die kommen ist Betroffen-heitsliteratur – im guten, im besten Sinne. Es ist ein ungewöhnliches, hochsensibel geschriebenes und sehr persönliches Buch über das Frausein, in eigenem, bisweilen kühnen Stil verfaßt.»

Johanna Hund
Badische Zeitung

*

Thea Sternheim
ERINNERUNGEN
Helmtrud Mauser Hg.
734 S. · DM/sFR 58 · öS 423
ISBN 3-926023-66-x

«Um von der Aura der – nach eigenem Selbstverständnis – anti-bürgerlichen Helden umgeben sein zu dürfen, sind Frauen bereit ge-wesen, ihr Ich, ihre Körper, ihre Sprache, alles aufzugeben, was ein unverwechselbares Individuum konstituiert. Thea Sternheim hatte die Kraft zum Ausbruch, im Unter-schied zu den vielen anderen Musen und Künstlerinnen, die Aufnahme in die avantgardistischen Clubs der europäischen Intellektuellen be-gehrten und doch nur in ein Abhängigkeitsnetz gerieten, das letztlich ihre Subjektivität vernichtete. Thea Sternheims Erinnerungen sind nicht zuletzt eine minutiöse Dokumentation dieses Entkommens in die Freiheit.

Gabriele Mittag
Freitag

Paul Parin
NOCH EIN LEBEN
Eine Erzählung, zwei Essays
160 S. · DM/sFR 20 · öS 146
ISBN 3-926023-25-2

«Der Reiz, durchzuspielen, wie ein Mann weiterlebt (falls er weiterlebt), nachdem er aus politischen Motiven getötet hat, mag der stärkste Antrieb in dem reichen Beziehungsgeflecht sein, das gerade dieser schön geschriebenen Erzählung zugrunde liegt.»

Christa Wolf
Erich-Fried-Preis:
Laudatio auf Paul Parin

*

Gerd Groothus
KINDHEITSVERGIFTUNG
Nachwort von Ludger Lütkehaus
98 S. · DM/sFR 20 · öS 146
ISBN 3-926023-46-5

«Wer katholisch erzogen wurde, männlichen Geschlechts ist und die dreißig überschritten hat, findet sich hier wieder. Man liest es in einem Rutsch, manchmal schmunzelnd, manchmal kopf-nickend, immer aber angespannt.»

Buchhandlung jos fritz
Freiburg

Renate Wall
LEXIKON DEUTSCHSPRACHIGER SCHRIFTSTELLERINNEN IM EXIL 1933 – 1945
544 S. · DM/sFR 58 · öS 423
ISBN 3-926023-48-1

«Je nach Wissensstand sind die Lebensläufe knapp oder weiter ausholend und ausführlich, stets mit möglichst genauem Werkver-zeichnis und Literaturhinweisen. Die ergänzenden Fotos, vor allem über die existenziellen Brüche dieser Schicksale, lassen allerdings kaum Raum für kalte Distanz und lapidar-nüchternen Lexikon-Stil. Die beiden Bände wurden vielmehr zur Bestandsaufnahme des geistigen Reichtums einer Epoche. Ein Standardwerk, schmerzlich spannnend und berührend.»

Krista Scheuer
Wiener Zeitung

*

Helene von Druskowitz
DER MANN ALS LOGISCHE UND SITTLICHE UNMÖGLICHKEIT UND ALS FLUCH DER WELT
Pessimistische Kardinalsätze
96 S. · DM/sFR 14,80 · öS 108
ISBN 3-926023-16-3

«Ein herrliches Buch: in seiner Radikalität voller Befreiung!»

Wilhelm Schmid
Süddeutsche Zeitung

Falkensteinstr. 6, D-79102 Freiburg i. Br.
(+49) 761/7909591-0 (Tel.) · 7909591-4 (Fax)

Umschlaggestaltung: Michael Wiesinger
Titelbild: Aus dem Film *Das gefährliche Alter* von Eugen Illès, Dt. 1927
Satz: Kore, Nicolas Weiß
Gesamtherstellung: Freiburger Graphische Betriebe
Printed in Germany

Die Deutsche Bibliothek – CIP-Einheitsaufnahme:

Michaëlis, Karin:
Das gefährliche Alter / Karin Michaëlis.
– Freiburg i. Br. :
Kore Edition, 1998

ISBN 3-933056-61-6

ISB N 3-933056-61-6